JINYIN YUQI YU
CIQI TONGQI

大众收藏入门系列丛书

金银玉器与瓷器铜器

藏

杨晓光 张占君 赵春媛 主编

语文出版社
·北京·

图书在版编目(CIP)数据

金银玉器与瓷器铜器 / 杨晓光，张占君，赵春媛主编. — 北京 : 语文出版社，2012. 10
（大众收藏入门系列丛书）
ISBN 978-7-80241-416-7

I. ①金… Ⅱ. ①杨… ②张… ③赵… Ⅲ. ①金银器（考古）—收藏—中国 ②古玉器—收藏—中国 ③瓷器（考古）—收藏—中国 ④铜器（考古）—收藏—中国 Ⅳ. ①G894

中国版本图书馆CIP数据核字（2012）第233172号

责任编辑 高全军
装帧设计 艾哲文化传播
出　　版 语文出版社
地　　址 北京市东城区朝阳门内南小街51号　100010
电子信箱 ywcbsywp@163.com
排　　版 艾哲文化传播
印刷装订 北京市兆成印刷有限责任公司
发　　行 语文出版社　新华书店经销
规　　格 787mm × 1092mm
开　　本 1 / 16
印　　张 12
字　　数 149千字
版　　次 2012年11月第1版
印　　次 2012年11月第1次印刷
印　　数 1– 3, 000
定　　价 22. 00 元
本书如有质量问题请与本社发行部联系　☎：010-65251033

主　　编：杨晓光　张占君　赵春媛

编　　委：杨晓光　张占君　赵春媛

杨　森　刘玉冰　赵春芳

奚亚杰　邹丽娟　林　双

魏成龙　刘　萌　徐秋新

时培玉　朱天宇　亚琨博

刘星兴

目　　录

金银玉石篇

一、金银器的收藏……………………………………………………003

古代金银器的收藏　/ 003
金银器的种类　/ 004
金银器的真假鉴别　/ 005
老银器辨真伪　/ 006
白金和白银的鉴别　/ 007
金银器的收藏方法　/ 008
金器的保养　/ 008
银器的保养　/ 010

二、玉石的收藏……………………………………………………011

玉矿石分类　/ 011
常见玉石品种　/ 011
古玉器的种类　/ 012
古玉器的一些标志特征　/ 015
初涉玉器收藏要有目标　/ 015
籽玉的鉴赏与收藏　/ 016
玉石颜色真伪的鉴别　/ 017
“望闻问切”四诊鉴玉　/ 018

真假美玉的鉴别 / 019
市场玉的识别 / 020
老玉新工的鉴定 / 021
古玉的沁色 / 024
玉器作伪的主要方法 / 024
鉴别玉镯的窍门 / 026
和田玉 / 026
田黄石 / 033
玉器 / 036
翡翠 / 040
鸡血石 / 049
奇石 / 053
其他 / 063

瓷器铜器篇

一、瓷器的收藏……087

古瓷的收藏与辨伪 / 087
各个时期古瓷的鉴别 / 095
其他瓷器的鉴定与辨伪 / 121

二、铜器的收藏……166

青铜器 / 166
青铜器种类简介 / 167
青铜器辨伪 / 170
青铜器铭文的鉴定 / 172
青铜器纹饰的鉴定 / 174
青铜器锈色的辨别 / 175
青铜器仿古锈的做法及辨伪 / 176
凭气味辨别古代铜器 / 178

汉代熏炉的识别 / 178
宣德炉 / 179
宣德炉的特色 / 180
宣德炉真伪的鉴别 / 180
铜器外表特征的专业术语 / 182

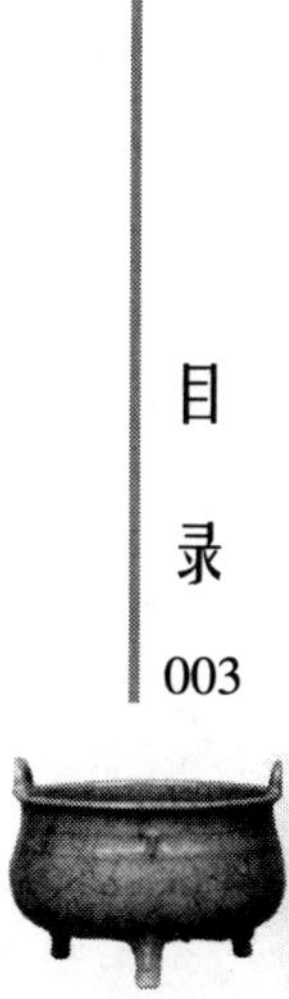

金银玉石篇

一、金银器的收藏

古代金银器的收藏

唐代　掐丝团花金杯

金与银都属于稀有的贵金属，它们具有美丽的光泽，质地柔软，易于加工，因而深受人们欢迎。金银器又具有不易氧化和耐腐蚀的特性，历经千年，仍新亮如初，因此不少金银制品代代相传，成为传世之宝。虽然目前一些造型和品质俱佳的金银器在收藏市场上不易觅得，但还是有藏友对其情有独钟，精美的造型，繁复的工艺，材质的保值性，成为金银器吸引广大藏家的重要原因。

商代的金器以装饰品占主导地位，器物类相对较少。河南安阳殷墟遗址出土的眼部贴金的虎形饰及金片、金叶、金箔等装饰，四川广汉三星堆商代祭祀坑中发现的金面罩和金杖等祭祀用的金器说明，金器在商代已经得到社会上层广泛使用。银的使用历史较晚，目前所见的春秋时期银错铜兵器，是最早用银的实例。

秦代以前，金银器的制作工艺基本为青铜器冶炼、铸造工艺的移植和延伸。錾花和金银错是这一时期金银器制作的两大特色。錾花工艺是通常经过錾刻出花纹，与光洁而单一色的金属素面形成鲜明的对比。金银错始于春秋中期，盛行于战国，西汉以后逐渐衰弱。做法为先在青铜器表面预先铸出或錾刻出图案、铭文所需的凹槽，然后嵌入金银丝、片，锤打牢固，再用错石将其打磨光滑，达到突出图案和铭文的装饰效果。

东汉以后，金银器的制作工艺逐渐摆脱了青铜制作工艺，并形成了许多金银制作的独特工艺，如炸珠、掐丝、编等。

春秋战国和两汉时期的金银器的设计制作工艺已经非常高超。唐代金银器的制作和应用达到了历史的巅峰，除了饰件还开始生产餐具、茶具、佛教法器等生活器物，而且品种大为增多。

两宋时期的金银器制造业更为商品化。皇亲贵戚、王公大臣、富商巨贾，都享有大量金银器，上层庶民和酒肆妓馆的饰品及饮食器皿也都使用金银器。随着金银器的社会化，宋代金银器无论在造型上或纹饰上一反唐代的富丽之风，而变为素雅和富有生活气息。

明代的金银器制造工艺高超，明定陵出土的金冠、金盆等是代表作。造型庄重，装饰华丽，雕镂精细。器物用打胎法制成胎型，主体纹样采用锤成凸纹法，细部采用錾刻法，结合花丝工艺，组成精美图案，有的器物镶嵌珍珠宝石，五光十色。金银上凿刻压印“官作”或“行作”或工匠名及成色。

清代金银器的工艺多趋于繁富华丽、精细琐碎。色彩追求艳丽妍美，样式崇尚变奇化异。

目前在古玩市场上所见的金银器，基本上都是以金银饰物为主，大型器皿很少。从年代上看，又以明清、民国时期为多，早期的金银器则十分罕见；从生产工艺上看，工艺复杂、制作精美的金银器较少，而大路货的金银器则较多。

金银器的种类

金银器从材质上一般可分为金器、银器和鎏金银器三大类，从实际使用上又可分为器物和饰物两大类。器物还可分为饮食、信符玺印、容器、盥洗器、梳妆用具、陈设观赏品、宗教祭祀器、杂器等；饰物还可分为冠服、发饰、颈饰、耳饰、手、臂饰、胸坠饰、剑饰、车马饰等。

西洋银瓶

金银器物中的饮食器有樽、杯、盘、壶、盏、碗、豆、盅、锅、箸、勺、匙、温碗、盏托、茶具、羽觞、执壶、花口杯、提梁壶等。信符玺印有腰牌、符牌、金印章等。容器有盒、缸、罐、篚等。盥洗器有匜、盆、洗等。梳妆用具有梳、篦、刀、奁、镊、镜架、栉背等。陈设观赏器有薰炉、香薰、银钏、金钟、瓶、盘、挂屏、盆景、天球仪等。宗教祭祀器有造像、葬具、法器、祭器、如意、香案、匾牌、菩萨等。

金银饰物中的冠服有凤冠、冠顶、冠带、金银冠、步摇冠、冠花等。发饰有笄、簪、钗、梳步摇、钿花、珠花等。颈饰有项链、顶圈、排圈、金银冠坠、护头箍、金银角、银马围帕、金银抹额、金银插针、金银衣帽饰、吊饰、长命锁等。耳饰有耳珰、耳环、耳坠等。手、臂饰有钏、镯、条脱、戒指、指环、顶针等。胸腰坠饰有压领、腰链、腰带、腰牌等。

金银器的真假鉴别

金银器的真伪鉴别主要包括两个方面，一是对其材料质地的鉴别，二是对其制造年代的鉴别。对金银器材质的鉴别，可通过以下几点。

1. 金的密度大，比重为 19.3 克 / 厘米，比其他金属高许多，一般来说对于相同体积的其他金属物，金制品要重得多，掂在手

清乾隆　银錾花梵文贲巴壶

里有沉重感，太轻的制品必是伪品。

2. 金银的硬度小，质地软，延展性强，经锤打后即可变形。若用普通金属物在金银制品上轻轻划试，一般留下凹痕的是真品，留下划痕的是伪品。

3. 可将金制品抛在硬地上，会发出“叭嗒”之声，有声无韵，成色低的黄金则有韵，且响声尖长，此外，真金银落地时的跳动没有假金银来得剧烈，成色越低，声音越尖，弹力越大。

4. 金、银的化学性质较稳定。特别是金，在空气中不易氧化，而铜铁制品均易氧化生锈。金在酸性液体中（如稀盐酸、硝酸等）颜色不变，而铜制品只要是一触及硝酸，便会失去光泽。如是镀金，表层镀金很容易脱落，不仅脱落部分易生锈，即使镀金表面也易被铜覆盖。古代黄金中的银、铜、铁含量偏多，含银越多颜色越淡；含铜多则呈淡黄色，且稍微发绿，若入土时间偏长则会呈栗黄色；金中含铁偏多者，一般呈玫瑰红色。时下，古玩商大多依据“七青、八黄、九五赤”的口诀来识别古金器的成色。

老银器辨真伪

对于老银器真伪的鉴别，有以下几种方法可作借鉴。

看颜色　纯度愈高，银色愈洁白，首饰表面看上去均匀发亮，有润色。如果含铅，首饰会呈现出青灰色；如含铜，首饰表面会显得粗糙，颜色没有润泽感。

掂重量　白银密度较一般常见金属略大，一般地讲：“铝质轻、银质重、铜质不轻又不重。”因而掂掂重量可对其是否为白银作出初步判断。若饰品体积较大而重量较轻，则可初步判断该饰品属其他金属。

清末　三龙柄银碗

查硬度　白银硬度较铜低，而较铅、锡大，可用大头针划首饰不起眼的地方进行测试，如针头打滑，表面很难留下痕迹，则可判定为铜质饰品；如为铅、锡质地，则痕迹很明显、突出；如实物留有痕迹而又不太明显，便可初步判定为白银饰品。

听声韵　纯银饰品掷地有声，无弹力，声响为“卟哒卟哒”。成色越低，声音越低，且声音越尖越高而带韵；若为铜质，其声更高且尖，韵声急促而短；若为铅、锡质地，则掷地声音沉闷、短促，无弹力。

硝酸点试法　在银器上用刀锉一小缺口，将硝酸点在缺口上，观察其变化。含银达 95% 以上，其色泽维持不变；含银达 80%~95% 的银器，变黑色；含银为 50%~75% 的银器，变绿色，绿色越深，含量越低。其口诀为：“七绿、八黑、九五白”。

硝酸加盐法　用一块黑色的石头作为试金石。把银器不起眼的地方磨在试金石上，然后在石上的银道上加硝酸，再放上 2~3 粒食盐颗粒。如起化学反应形成白乳浆的便是银器，白乳浆越多银含量越高。如带绿色，则银含量低，绿色越深，含量越低。完全没有白乳浆的便是假货。

白金和白银的鉴别

掂重量　白金密度高，其比重是白银的 2 倍，用手掂量即可识别。

看颜色　白金外观呈灰白色，质地比较坚硬；白银色泽洁白，质地光滑细腻。

化学法 将白金磨些碎屑放在试金石上，滴上少许硝酸、盐酸的混合液，如果碎屑没有消失，则说明试样是白金，如果碎屑消失，则表明试样是白银。

火烧法 白金用火烧冷却后颜色不变，而白银火烧冷却后颜色呈红色或黑色。

印记法 白金饰品上印鉴有“pt”或“plat”，而白银饰品上的标记为“S”。

金银器的收藏方法

收藏金银器时一定要注意金银器藏品需要保持其完整性，像银手镯、筷子就必须成对购买。又如颈饰中的项圈与长命锁最好完整收藏，如果头饰、发饰、颈饰和首饰等是配套的，也最好别买单件，因为收集或投资全套金银器的价值将远远超过单件。而实用性较强的金银饰品，更要注意保持其功能性、艺术性，以不缺不残的原配件为佳。此外，金银饰品放置年代久后，必定会有一层氧化后形成的泛黑包浆，平日要注意用酒精或不含氟的牙膏等化学成分较少的清洁剂清洗。在收藏中，还要避免挤压，因为金银饰品质地略显柔软，用力过大，就会导致金银饰品的变形，影响其整体的美观程度。

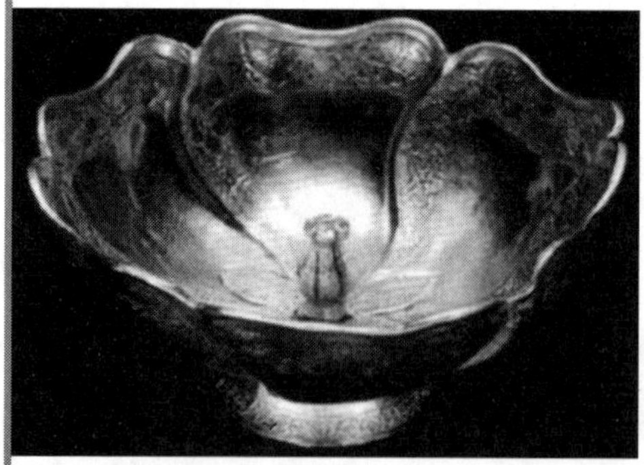

南宋 葵花形金盏

金器的保养

金，性质柔软，延展性强，不易受腐蚀。

由于金是一种贵重金属，一般金制品中常掺入银、铜或铁的成分，能使金变硬，也能改变金的颜色或降低其高昂的价格。像金片金箔、鎏金等制品常用合金材料或只是部分用金制成。金和铜混合，通常也夹杂一些银，铸出的铜器呈淡黄色，甚至带些绿色。但在土内经多年埋藏后，因土中的盐类清除了合金表面的较浅金属，结果留下一层纯金薄片，淡黄色就会转变成一种熟黄色，这种艳丽色彩应当保留住。

纯金制品一般不会有多大变化，但对合金的器物，因加工过程中可能形成细小的空隙，当水进入时，将会发生腐蚀作用。同样道理，对鎏金器物，因总难免会有肉眼所见不到的裂缝、空隙和微细的孔，水或水汽就可钻进去，产生电解腐蚀，不断破坏除金以外的其他金属。

金器常见的腐蚀现象，大都是附添部分（如铜或银）发生氧化的结果，铜氧化形成绿色的薄锈，可用酸类或氨水去除。表面覆盖红色锈的可用一点盐酸去掉；如果是薄片的金叶饰品，可经过按压展平。若较易折裂，则需适当地加热回火即能软化展平。但对于鎏金的金属器物，不能用还原方法处理，因为这样可能损伤鎏金。不妨使用碱性酒石酸钾钠来清除其他金属的锈蚀。倘若其他金属已被锈蚀物所堆盖，而且在这些产物下面或产物中间有一层鎏金的薄层，可采用机械法清除：在显微镜下，用钢针挑除锈蚀，当露出鎏金的薄层时，用 1%的稀硝酸把鎏金的表面清洗一下，但绝不可用硝酸来软化锈壳，否则将引起金饰的脱落。

金器保养条件：黄金制品很少有因外界因素作用而受到侵害的。但是一切机械性损害都是很危险的，往往最轻的冲击，用粗糙布片粗率地拂拭，都能引起扭曲、压皱、擦伤，破坏表面的光泽。保管金器物品的房屋，必须保持干燥，没有尘埃和空气污染物。温度 18℃~24℃，相对湿度在 40%~50%。金器应装在锦套、垫棉花的盒子里，件与件之间不能彼此碰撞。不可以把黄金制品与其他金属制品一起保存。要用软毛刷除去灰尘，用柔软的羚羊皮拂拭。如果必须清洗，可用乙醚、汽油（苯）、中性肥皂沫或氨水（10%浓度）来进行。然后用蒸馏水洗净、烘干。不允许用任何涂剂、不十分柔软的羚羊皮擦拭。不可除去古器物上的

薄膜，这是由于氧化作用而形成的一层附加金属，也就是人们常说的包浆。

银器的保养

防止银器变黑 硫化氢和硫化物使银器变黑，由于空气中有硫，某些食品（如蔬菜、蛋等）含有硫化氢，银器使用之后务必尽早清洗，以免硫化（俗称氧化）。洗净之后，将器具分类，置于架上浸入 40℃以上不含氯的稀释淡碱水中 10~15 分钟，再取出漂清，完全擦干。餐刀刃的斑点先用浸醋的布擦除，然后漂清擦干。另一个方法把切成一半的洋葱蘸绵纯白糖擦刀刃然后漂清擦干。

银器去黑 银器浸入加铝箔或铝片，温度在 78℃的盐水或苏打水中 1~3 分钟。而自动洗槽可保持温度不变控制时间、循环水泵使盐水时升时降，这种电解法必须在银器不粘有油脂时才有效。

银器擦亮 用海绵或全绵类织物涂上光亮剂干擦，然后用干净柔软的毛巾或脱脂棉擦亮。好的光亮剂仅留一层看不见的保护膜。

银器的维护 银器保管对保护其美观与清洗一样重要。银器不能堆放，擦干的银器要放在没有含硫和烟气的房间内（远离暖气），存放在没有硫和木料的塑料容器，一个容器一件银器。如果每天使用后放在塑料碗篮内，避免接触坚硬物体，防止磨蚀表面。

银器的日常清洗 用温水加普通洗洁精清洗，并用清水过清，所有金银产品均不能用漂白水、强酸类去污粉等化学剂漂洗。

二、玉石的收藏

玉矿石分类

山料　产于山上原生矿中，矿石通常呈块状，有棱有角，矿物成分、结构、颜色分布均直接暴露在外，无皮，称为“山料”。

籽料　是山料经漫长的风化和流水搬动作用而形成，位于河床内或曾经位于河床内，通常呈水蚀卵石，外部有皮壳包裹，内部矿物成分、结构、颜色分布等均难判断，属次生矿。

水冲料（也称山水料、水料、山流水等）　介于山料与籽料两者之间，即经风化剥蚀搬运距离不远，产于残坡积物中的黄龙玉砾石。棱角清晰，外部有皮壳包裹，内部矿物成分、结构、颜色分布等均较难判断，属于次生矿。

从上述三种主要料种的成因可见，籽料由于经过了漫长的风化和流水搬动作用，其稳定性、硬度、完整程度较差的部分已经在搬运、冲刷过程中被磨损，余下的是质地最硬、完整性最好、最稳定的精华部分，所以籽料是经过了自然界“大浪淘沙”所剩余的精华，是玉料中最好的料种。而山料没有这种自然筛选的过程，稳定性差。水冲料介于两者之间。

常见玉石品种

玉　从色彩上分有：白玉、碧玉、青玉、墨玉、黄玉、黄岫玉、绿玉、京白玉等。从地域上分有：新疆玉、河南玉、岫岩玉

（又名新山玉）、澳洲玉、独山玉、南方玉、加拿大玉等，而其中新疆和田玉是我国的名特产。

玛瑙　从色彩上分有：白、灰、红、蓝、绿、黄、羊肝、胆青、鸡血、黑玛瑙等。从花纹上分有：灯草、藻草、缠丝、玳瑁玛瑙等。在我国的东北、内蒙古、云南、广西均有出产。且有含水玛瑙，称为水胆玛瑙。

石　绿松石、青金石、芙蓉石、木变石（又名虎皮石）、桃花石（又称京粉翠）、孔雀石、蓝纹石、羊肝石、虎睛石、东陵石等，其中绿松石是我国湖北郧阳一带的名产。

晶　水晶、紫水晶、黄水晶、墨晶、茶晶（又名烟水晶）、软水晶、鬃晶、发晶。我国南北各地均有出产。

翡翠　具有紫、红、灰、黄、白等色，但以绿色为贵，它是我国近邻缅甸的名特产。

珊瑚　分红、白两色，是一种海底腔肠动物化石，我国台湾省出产的质量很好。

珠　珍珠（海水珍珠、淡水珍珠）、养珠（海水养珠、淡水养珠）。

宝　钻石、红宝石、蓝宝石、祖母绿、海蓝宝石、猫眼宝石、变色宝石、黄晶宝石、欧珀、碧玺、尖晶宝石、石榴石宝石、锆石宝石、橄榄绿宝石、翡翠绿宝石、石英猫眼、长石宝石等。

古玉器的种类

商朝　玉圭

玉圭　古玉器名。古代帝王、诸侯朝聘、祭祀、丧葬时所用的玉制礼器。为瑞信之物。长条形，上尖下方，也作“珪”。形制大小，因爵位及用途不同而异。有大圭、镇圭、桓圭、信圭、躬圭、谷璧、蒲璧、四圭、裸圭之别。周代墓中常有发现。

玉笏 古代官员上朝时所执的玉制手板。即“珽”。

玉带 唐、宋官员所用的玉饰的腰带，以之分别官阶之高低。清从三品以上服玉带，四品以上服金带。明代唯亲王及一品文官用玉带。清代唯特赐及一品用衔玉版带。

镇圭 古代朝聘所用的信物，王执镇圭，为六端之一。也作“镇圭”。

命圭 帝王授给大臣的玉圭。

谷圭 古玉器名。古代诸侯，用以讲和或聘女的玉制礼器。又称“谷璧”。

圭璧 “圭”亦作“珪”。古代帝王、诸侯朝聘或祭祀时所执的玉器。

土圭 古代玉器。用以测日影、四时、土地。

璧 古玉器名。也有用琉璃制的。扁圆形，正中有孔。璧分大璧、谷璧、蒲璧。大璧径长一尺二寸，天子礼天之器。诸侯享天子者亦用之。玉璧用途很复杂。大致可分以下几类。一为祭器，用做祭天、祭神、祭山、祭海、祭星、祭河等；二为礼器，用做礼天或做身份不同的标志；三做佩系；四做砝码用的衡；五做辟邪和防尸腐用。

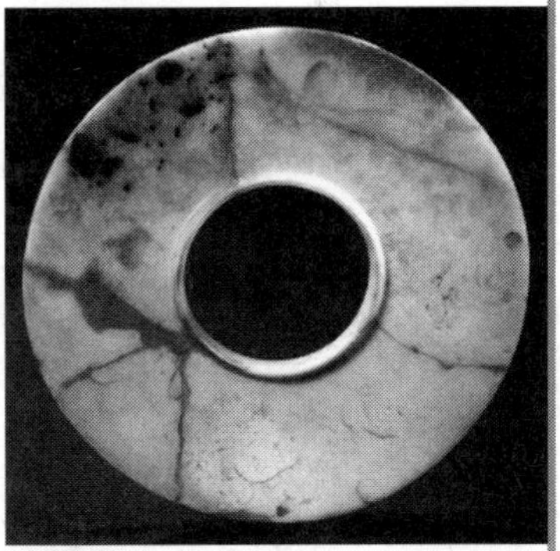

玉璧

瑗 古玉器名。大孔的璧。

玉琥 古代玉器。一种雕琢成虎形的玉器，称“琥”。

珩 古玉器名。玉饰品，杂佩上部的横玉。形似磬而小，或上有折角，用于璧环之上。

环 古玉器名。一种圆形中间有孔的玉器。

玉佩 “佩”亦作“珮”。玉做的佩饰。

环玦 古玉器名。两种佩玉，圆形的玉环和环形有缺口的玉玦。

玉带钩 古玉器名。又名“犀比”。可能是我国北方游牧民族的发明，用以钩连腰带。带钩有铜、玉两种。流行于春秋战国和秦汉时期。

玉钩 玉制的钩，故名。有带钩、帘钩、帐钩等。

玉剑饰 指用于剑上的装饰玉件。常见有剑首、剑格、剑鞘上带扣和鞘末玉饰(珌) 四种。玉剑饰始于战国，战国剑较短小，剑首小而薄，边沿外敞，较锋利，格少（多用铜、铁），剑珌有厚长和薄短两种，带扣也小。汉带剑首长而大，格多，剑珌与战国相似。汉后，玉剑饰不多见；明清两代仿制较多。

玉珌 佩刀鞘上装饰。同“琫”“鞛”。

玉琫 古玉器名。刀剑鞘口处的玉饰叫“琫”，琫对面的小方玉叫“珌”。

玉节 玉作的符节，古代用做重要的信物。

玉玺 皇帝的玉印。古代印、玺通称，以金或玉为之。自秦以后，以玉为玺，为皇帝所专用。因而又以指喻皇位。

玉盘 玉琢成的盘。

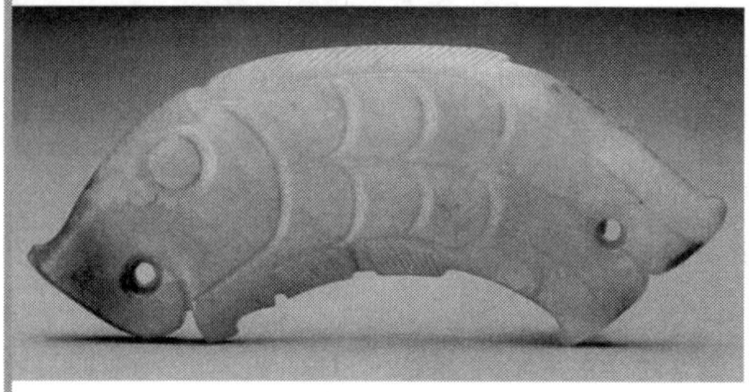

西周　玉鱼

玉鱼 刻玉为鱼，是一种珍玩和佩饰。

玉珠 用玉琢成的珠。

玉藻 古代王冠垂挂的玉饰。

玉衣 古玉器名。玉制的葬服，又称“玉匣”“玉柙”。把玉石琢成各种形状的小薄片，角上穿孔，按等级不同采用金镂后银镂、铜镂连缀而成。

玉豚 古玉器名。古代死人手握的豚形玉器。

含玉 古玉器名。“含”亦作“晗”，有的书上还称“押舌”。古时入殓时放在死者口中玉。其余还有含璧、含珠、含瑁、含米、含贝等，因死者身份不同而有所区别。含玉，多为蝉形，故又称“玉蝉”。

玉蝉　古玉器名。古代含在死者口中的葬玉，因多刻为蝉形，故名“玉蝉”。玉含做蝉形，似是借蝉的生理习性赋予死者特定的意义，意即人死后，不食和饮露，脱胎于浊秽污垢之外，不沾污泥浊水，这是战国以来死者含玉蝉的用意。参见“含玉”。

玉塞　古玉器名。已知在汉代有九窍塞，即填塞或遮盖死者身上九孔窍的九件玉器。

古玉器的一些标志特征

玉质　内地（中原地区）出现新疆和田玉玉器从商代开始。翡翠玉器出现于清朝。

纹饰　兽面纹主要见于新石器时代晚期到商周时期。神人兽面纹是新石器时代的特征，如良渚文化。谷纹起自战国中晚期，流行于战国晚期及两汉；云纹始见于商代，盛行于商周；凤鸟纹出现于西周；等等。

品种　玉制工具见于春秋及之前。葬玉始自战国，明显出现于西周及以后。玉衣仅见于汉代。礼器和仪仗器基本见于汉之前。牙璋仅见于商代。琮出现于东汉之前；长管形玉琮流行于良渚文化。玉带钩始见于战国早期。盛行于元、明代。玉带板起源于南北朝。玉带见于唐代。玉飞天出现于唐代。玉如意始于魏晋，盛于明清。山子始于明朝。文具、酒具始于唐宋。

工艺　新石器时代的玉器，内孔有对钻的痕迹，边缘粗糙、刺手。板状厚薄不均斜刻见于西周，春秋后极少。汉八刀是汉朝的特征。龙的造型和工艺：C 形龙见于春秋及之前；头上有毛发的龙见于宋及之后；弓形和 W 形龙流行于春秋战国。唐代的工艺风格是浅浮雕；元代的雕刻风格是深凸雕和碾磨的结合。

初涉玉器收藏要有目标

玉器收藏真伪难辨，需要大量的知识储备，且必须具备一定条件，比如，首先要有闲钱，其次要有闲暇，有工夫去鉴赏玉器。因此，初涉玉器收藏应有目标。

在玉器收藏界有句俗语：财力决定收藏规模，鉴赏品位决定收藏档次。收藏玉器不一定要多，但要有精品。爱好决定收藏的方向，收藏者应确定一个基本目标，目标应与爱好、财力、鉴别能力有机地结合起来，这样的目标才容易达到。

初涉玉器收藏，目标定位不要太高，步子不能太大。开了好头，有了收藏基础，才能加快收藏步伐。而目前在我市的玉器收藏队伍中，许多人没有收藏目标，以“流”为主，看见好点的玉器就收藏，有时为了收藏这件还要卖掉那件，这种见异思迁、盲目跟进的做法是收藏玉器的大忌。

此外，不宜收藏稀奇古怪或致残的玉器。因为目前市场上的玉器残件只有少数是古玉残件，有相当一部分则是新琢残件，而玉器致残也一直是造假古玉的重要手段，因此对于古玉鉴定水平有限的收藏者来说，收藏玉器残件应三思而行。

籽玉的鉴赏与收藏

“籽玉”是远古时代从昆仑山上风化脱落的玉料，经河水常年的冲刷磨蚀而形成的一种“鹅卵”状的玉种，仅产于新疆和田县河库中，是唯一正宗的“和田玉”。它不仅产出稀少，而且品质优良。比起从昆仑山上开采的“山料玉”来，“籽玉”的质地更为细腻、滋润、致密、坚硬，尤其它那一层天然沁色的外皮，色彩斑斓，令人赏心悦目，具有“山料玉”所无法比拟的独特魅力，难怪凡爱玉、藏玉之人，莫

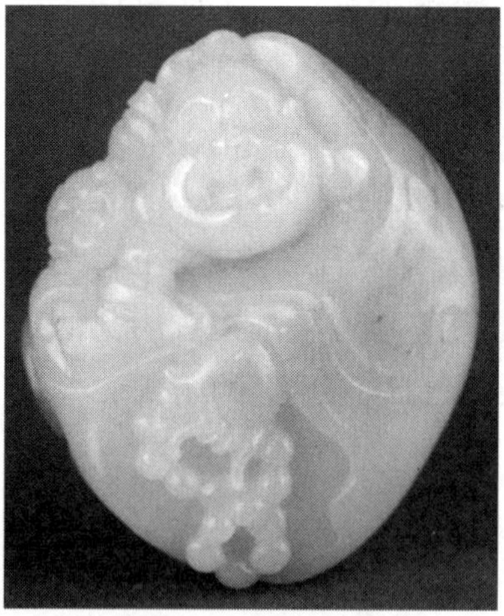

羊脂白玉童子拜佛籽料挂件

不把“籽玉”视如珍宝，作为把玩和收藏的首选。在各色“籽玉”中，以“青玉籽”最多，其收藏价值远不及稀少的“白玉籽”“黄玉籽”和“墨玉籽”。对于“籽玉”来说，最重要的是玉质，如一块羊脂白玉，即使不加任何雕琢，也可堪称无价之宝。当然，如果好籽玉料，却雕工粗劣，必然大大降低它的价值。购买“籽玉”时，还要仔细辨别那些经人工磨圆、染皮作伪的假籽玉，以免上当。

玉石颜色真伪的鉴别

玉之色，是玉本色加玉的次生色组成。有几种颜色容易搞混，识别的办法是：

1. **边玉（边石）** 它看上去既像玉又像石，有不同的颜色，色泽分布也好像受沁的古玉、老化的美玉。这种玉实际上是玉矿的边沿和岩石交界之处的边玉（边石），它的色泽与古玉受沁是不同的。它是在原生状态时岩石变质交代过程不彻底，或外来矿物加入融熔之后形成的，其颜色的位置、发散、边界与器物表面的关系和沁色有着明显的不同。这种状况也存在于风化时天然次生色渲染的玉中。

2. **皮色** 皮色的形成与边玉不同，它是玉石在自然界形成的天然次生色，其颜色有黑、红、黄、栗等多种多样。不少玉工在制作玉器艺术品时，有的故意将皮色留下作为“俏色”，也有的留下一些皮色以示是正宗籽料（籽料优于山料，山料不带皮色）。正因为皮色是风化外皮的遗留物，在仔细观赏中可以看到，它的色泽是由外向里的，而且在皮壳上留下了风化玉质的疏松状态，其致密、光泽、油头、水头都不及玉本体，往往有麻面，不光洁。

3. **作色** 人工作色属玉的人为次生色，也是对玉的一种艺术加工，同时也被制假者利用造假作古。人工作色始于宋代，明以前人工作色的行话叫做老提油，明以后叫新提油。也许人们从俏色中体会到，玉雕艺术品带上颜色会更美，从而想到人工作色。

提油作色与沁色是不同的，虽然作色也是从皮壳开始，沿绺裂、玉质薄弱处渗入玉肌，但它的颜色呆板、层次不清。古玉沁色是在千百年中生成的，它的延伸、发散、浸染十分自然舒展。而作色是短期行为，它们不可能完全相像。出土的老提油，不少在皮壳处的颜色已经褪色、脱落，成为斑状，反而不如伸入玉肌内的颜色重，这种现象真正的沁色绝对没有。另外，古玉虽然受沁，可古玉的皮壳其光泽、润色都一样，人工作色用烧、煮、化学腐蚀等手段作伪。

“望闻问切”四诊鉴玉

望 就是看，就是察颜观色。用之于鉴玉，说的是观察古玉的器形、气势、意韵、工艺技法，如明代中期圆雕青玉狮，明代的玉匠以醒狮摇头、云尾叱风、四足浑圆雄健的造型，有别于元朝玉雕工艺狮子的蹲坐雄踞、咆哮啸天的极具威慑感的造型。该狮精神见之于耳目，长发得体，嘴鼻造型祥和，身贯瑞气蓄势待发，表现了明代中期社会发展的兴旺与蓬勃。

闻 闻，对于鉴定生坑古玉尤为重要，埋在地下的古玉，经过了数百年以上时光的剥蚀浸润，上千年的地气静炼幻化，离地出世灿然迷目，叩闻其声知其聚天地灵气之质优，鼻闻玉香悉其地气的久远。如明代圆雕白玉羊，其大弯角向后环抱耳际，睁目闭嘴，收足腹内，短尾贴身，膘肥体壮。此玉羊叩声叮咚，说明其开窗见地的白玉质优良。用鼻闻之，随着平静的呼吸吐纳，一丝老土的清香直沁心扉，令人陶醉。

问 中医接诊，问病人也问自己。阴阳表里寒热虚实八纲辨证，全在一个问字中探索。如明代圆雕跪姿青玉人，国字脸上刀眉杏眼，狮鼻莲角嘴，顶冠是明式圆顶幅。头部五官琢磨精确，四肢交代清楚，但四肢却粗犷急糙，寥寥几行阴刻线，把人物的手指省略得有点简拙，淋漓地表现了“粗大明”的玉艺风貌。

在交替问答中，心境平静地击疑滤真，于型、于沁、于势、于味多问自己是否能准确把握其历史的艺术的收藏价值定位，才能了却自己心仪之物的收藏。

切 中医诊法谓之号脉。如一件圆雕的白玉瑞兽，凝重而有垂手感，上手触摸时先凉后温，稍事盘擦可见其滋润得油光水灵，动人心魄。瑞兽龙睛狮鼻独角，它扭头向左下视回望，长尾向左上卷贴股，造型设计讲究左右平衡上下对称。

真假美玉的鉴别

一看材料 材料是玉器收藏的首要前提，优质玉材对于一件玉器至关重要，如玉质、玉色、光泽、致密度等都是玉材等级的要素，不应忽视。

二辨造型 造型是玉器审美的构架，也是决定玉器收藏价值的一个重要因素，造型是由功能及玉坯形状决定的，其比例权衡要适当。

三鉴纹饰 纹饰是玉器的装饰，它的美丑容易为人们觉察和感受，一般说它服从于器型的需要，或者它们两者都取决于社会功能的需要，装饰要看结构、章法、繁简、疏密等处理，凡结构章法有条不紊、统一和谐就具鉴赏价值。

四析工艺 玉器工艺是由料变为器的技术条件，它的性质比较稳定，不易被人真正认识，是鉴赏上的一个难题，凡砣工利落流畅、娴熟精工必然是美的或比较美的；反之，板滞纤弱，拖泥带水，则是收藏价值锐减的标志，不可贸然集之。

五品艺术 艺术是每件玉器所追求的最高境界，也是最难做到的，凡气韵生动、形神兼备的都是艺术美的表现，反映了丰富的收藏价值；反之，图具形骸，一味摹古者都是违反艺术美的作品，鉴赏价值就逊色得多了。

六观创新与仿古 玉器含有的两大类艺术形态：创新与仿古，从艺术创新的角度看，有新意的玉器固然值得收藏，但对于受现代化思潮影响的玉器收藏要慎重对待，以免陷入“唯新”的误区，然而对仿古玉器也不能全盘收罗，应视具体情况而论。

市场玉的识别

市场玉是泛指在市场上所见到的称为玉的“玉”（或美石）。其中有真玉，有杂玉，还有美石冒充的玉。市场玉很多、很杂，各地出材不同，名称也有所不同，但有一条是一样的，那就是很多人喜欢以假玉冒充真玉，以非和田玉冒充和田玉。

各种玉的特点如下：

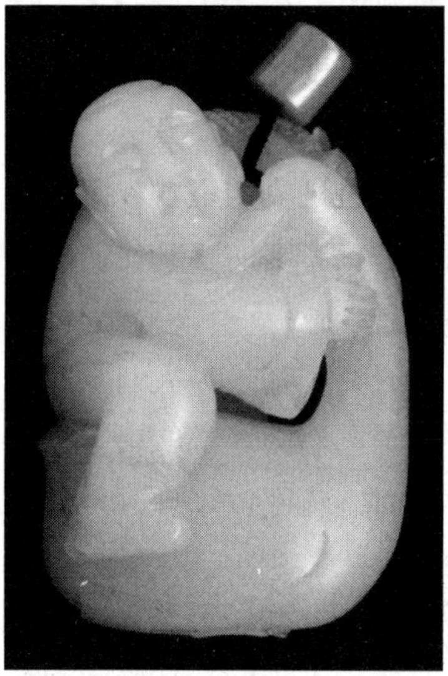
青海玉

青海玉　比较接近和田玉，玉色白中透灰与和田玉中的青白玉、灰白玉有所不同，又比不上和田玉中的白玉。它的密度不如和田玉密实，所以重量稍轻，玉质偏松，压手感不强。水头好，比较透明，但油头不足，偏干。光泽以玻璃光泽、贝壳光泽为多，脂状光泽少，橘皮粗而无饭糁。

俄罗斯玉　比较像和田玉，但玉质看起来较嫩，水头好，油头不足。俄罗斯玉的玉质较纯、较白，略带灰头，上好的俄罗斯玉也很漂亮，容易与和田玉混淆，要仔细观察它的密度够不够。

阿富汗玉　白而透明，硬度小，油头少，不温润。

阿富汗白玉貔貅

韩国玉　也是软玉，与和田玉很相似，但玉质不如和田玉温润，色青黄，偏干，玉质偏粗。

准噶尔玉　青而浊，多

玻璃光少温润，水头、油头比不上和田玉，偏干，玉质不均，杂质多。准噶尔玉又名玛纳斯碧玉或新疆玉，以阳起石为主，要次于和田玉。

蒙古玉　颜色草青，有的玉边有赤色条纹，较像古玉的受沁，常被用来仿受沁古玉。有的草青色偏黄可充作黄玉，但与和田玉中的黄玉又不相同。蒙古玉比重、硬度较大，也有油头和橘皮，水头好。分辨蒙古玉主要辨认它特有的颜色、水头（和田黄玉是不透的）及次于和田玉的质感。

东北黄料　土黄色，有带皮、带浆、带黑花斑和黑皮色，硬度高，不温润，易人工改色、作旧，用来制作伪古玉。

芙蓉石、密玉、西峡玉、东陵玉、碧玉（碧石）、玉髓等都是石英类杂玉，它们共同的特点是没有橘皮，镜下有鬃眼，玻璃光，不温润，重量轻，不亲水。

蓝田玉　呈绿、黄、蓝等花纹颜色，硬度小，重量轻，与和田玉明显不同。

岫玉　呈叶青色，较透明，硬度小于玻璃，是蛇纹石矿物，不同于和田玉。

其他杂玉　均无玉质感，或硬度不够，或重量不重，或颜色不对，与和田玉相去甚远，很容易区别。

清代　岫玉太平有象摆件

老玉新工的鉴定

第一，天生玉纹　老玉新工的鉴定，最简单的就是从玉纹上入手。玉纹是玉石在几百万年前甚至与地球同时的岩浆喷射流动中形成的，一层一层的，边线很明确。大理石纹也是如此，在很多地方玉种，如蓝田玉、岫玉中都可以看见这类天生纹，很多仿品都是用这类天生纹来做旧的。

天生石纹还好鉴别：注意纹与纹之间的边线，一般来讲一层

一层的天生玉纹的边线都是很清楚的，就像北方花卷的一层层卷边一样，几乎没有浓淡相溶的过渡层。

一般来讲，从夏、商、周老三代到明清，都是用质地纯净的玉种，几乎不用有天生玉纹的玉料，认为那是杂质杂色杂料，做玉时首先去掉的，所以看见有天生玉纹的都要小心。

另外，要注意的是玉筋和玉纹的不同，玉纹是有色的，而玉筋是玉质本色的，所以古玉中还是有用玉筋的。有一个诀窍：玉筋比玉肉要坚硬、密度高，所以玉筋反而很不容易被沁浸入，高古玉自然的沁色中，遇到玉筋的地方，沁色就淡了少了，甚至沁浸不入，连蚀斑或老斑遇见玉筋也是如此，而仿的沁色或蚀斑都染蚀成一片，连有玉筋的地方也染蚀成一色。

第二，籽料老皮老沁纹　和田有籽料，其他所有玉类也都有籽料，蓝田籽料、岫玉籽料（河磨料）、独山籽料、俄玉籽料、青海籽料等。籽料就是大大小小的玉矿石在自然风化中被风和雨水冲刷到河川里、山沟里、平原里，经过几千年、几万年乃至几十万年长时间的流水冲浸，玉质就慢慢越来越细润盈亮。在青铜器以前，古人无法开矿，都是用各种籽料来做玉件的原璞，红山文化和良渚文化都是如此。但古人都是用纯色的或去老沁的籽料为多。据说，红山里已有巧雕，但不为主流。所以看见红山良渚玉中带原皮的都要小心了，不要误以为是沁色。

现在的仿品反而喜欢用老皮老沁来冒充真品，就是所谓的老玉老沁新工做旧。

第三，紧紧抓住老玉老工老沁这个顺序　真品都是老玉老工老沁，先有此玉料，再有玉工，再有沁生。一般都是看沁在工上来鉴别的，注意看砣或刀工的沟底和沟边。砣工的沟底是仿者的头痛之处，为了瞒天过海，仿者常常将沟底弄脏弄乱，所以，先看砣工以及沟底干不干净，再看沁色和沁纹是不是自然地爬进沟边，爬过沟底，爬出沟头。如果沁盖工，就是真沁，反之则仿。要看砣工干净利落，沟底亮亮的（包浆），沁色沁纹自然地爬过沟底而上，找不到人工切割沁色的剖面。

还要注意，看沟底和沟边时，小心不要被做旧的假沁迷惑。那些假沁故意做在工上，盖住工。这时需要静下心来细细地看，千万不要心烦气躁。假沁是无根的，没有在玉里玉外的来龙去脉的，孤零零的一块沁都要小心细辨的。

第四，从玉沁纹的纵向和横向来看　如果是老沁老纹新工，老沁老纹的纵横纹一定会被切断或切开，寻找沁纹的切断和切开面就成了关键。先要看整个玉件的拐角处，除非是天然的拐角，否则一定有人工切割的剖面。注意看拐角的上下左右是不是沁色纹路浑然一体，左右自然，上下联片。如有断面或不协调的沁纹出现，就要小心判断是不是人工切割面了，浑然一体找不到人工切割沁色老纹的剖面才对。

现在最难辨别的是用老玉原形少工的仿古玉。很多造假者知道大家都在看工和沁的关系，所以就尽量的少用工，而且是在玉皮玉沁处几乎不用工，这样皮沁和工就没有关系了，这一招在仿新石器文化古玉中用的最多也最成功。造假的人四处去找合适的老玉料，通常都是籽料，如岫玉的河磨料。如果是圆形的料，就在边上无沁处砣出几道线来，做成一个乌龟样子，背上和腹部都是老皮老斑，再打一个象鼻孔出来，一件高仿的红山玉就成型了；如料是长柱形的，就打个对钻孔出来，外面全是老皮老沁，就是一件高仿的良渚玉了。

辨别老玉原形少工的仿古玉，除了细看那仅有的几道工外（通常这几道工都仿得很好），还要远看其神近看其形。先放远处，左右上下前后多看看，是不是神在形中，然后拿在手上近近地仔细看看，是不是形在神中，也就是说，远近都要一样的形神一致，如有不符，都要再三细细审核。

换句话说，形神的远近细看，就是鉴别老玉原形少工高仿品的最好办法。因为造假者无法顾及到形状规正，如头部过大或背部过长，等等。古人造玉是一项很高尚很重要的任务，几乎都是给部落的首长阶层或英雄们做的，都是料有所选、形有所意、工有所敬、神有所求，绝不会是随意乱来马虎将就的。记住这几句话，再回头看看很多高古玉，特别是老玉原形少工的仿古玉，真假就自然会有新的认识。

料有所选、形有所意、工有所敬、神有所求，再加一句，沁有所生，符合这五句话的古玉，都是好藏品，都是我们祖先的鬼斧神工的创造，这是辨别老玉新工的一条分水岭。

古玉的沁色

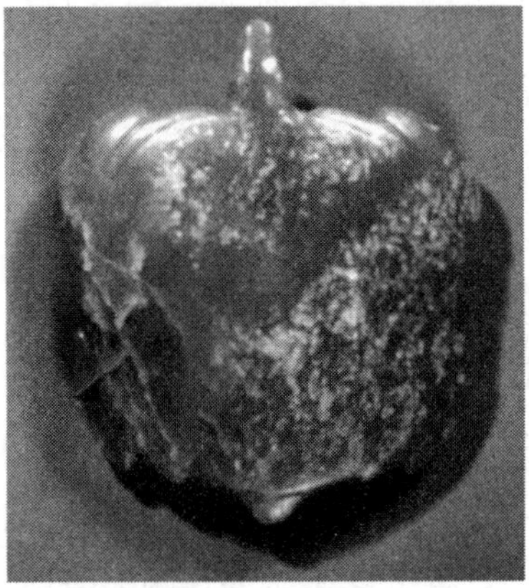

红山文化玉器的沁色

古代玉器长期埋在土中，通过本身微量元素与土中物质的相互作用所形成的颜色变化，被称为沁色。由于埋藏地域的土中所含物质不同，埋藏时间长短不同，所以使得玉器上的沁色也不尽相同，从而呈现出千变万化的颜色。黄色沁称土沁，白色为水沁，绿色为铜沁，紫红色为血沁，黑色为水银沁。

清代的陈原心在《玉纪》中，对玉器的沁色进行了详细的分类，其中有这样一段记载："诸色受沁之源难以深考，总名之曰十三彩。"一般来说，我国的北方土壤多呈碱性，玉器沁色多为黄色土沁，南方土壤湿润呈酸性，玉器上的沁色则多为白色水沁。

玉器作伪的主要方法

古玉作伪一般有烟火熏色、颜料浸煮、强酸腐蚀等手段，作伪方法也在不断翻新，现举几例以提高消费者的鉴别能力。

煨头　将玉器用火烧烤，变为灰白色，仿"鸡骨白"沁色，古玩家称"伪古灰古"，有烧制的细裂纹。

羊玉　将优质玉器植入活羊腿中，数年后取出，产生血色纹理，仿传世古玉。

狗玉 将狗杀死，剖开腹部，趁狗血尚热未凝固时，把玉器放入狗腹中并缝合，埋入地下，过数年后取出，玉上出现有土花血斑。但与真古玉相比，带有新玉的颜色与雕琢的痕迹。

梅玉 选用质地疏松的玉质，如石性较重的玉或玉皮，用浓重的乌梅水烹煮，重复数次，疏松之地被乌梅水浸泡透呈现水浸痕，再用"提油法"上色，以仿造"水坑古"，但不如真古玉自然。

风玉 选用石性较重的玉质，用乌梅水加浓灰水蒸煮后，将玉器趁热放置于寒冷的风雪中，使质地坚硬的玉器冻裂出细如发丝的纹理，最后也用"提油法"上色，以冒充"牛毛纹"古玉。

死玉 埋入土中的玉器，遇金，变黑滞干枯，像水银沁。

叩锈 将玉器用铁屑与热醋拌和浸泡，再埋到潮湿的地下十几日，取出埋到大路下数月。玉器由于铁屑的腐蚀而形成深红色的橘皮纹，并带有不易消除的土灰斑。然而，这种假古玉的红色较浮，时间稍长土灰斑和红色均会消退。

提油 用硇提之法使玉器上色。如硇砂提。

造血沁 将玉器埋入猪血和黄土混合的泥中，较长时间后，产生黄土锈血沁色。

造黑斑 水煮、火烤、抹醋等，产生黑斑。

老提油 据传甘肃的深山中有一种虹光草，将它捣成汁液，拌入少许瑙砂搅匀，再将新玉器浸入，用点燃的新鲜竹枝烘烤，草汁便渗入玉器纹理中，呈现出鸡血红色。

新提油 这个方法适用于含石质量较差的夹石玉，选红木屑或乌木屑入水，再将夹石玉放入浸泡，用火烘，汁液即可渗入玉器纹理中，含石处呈现红色或黑色。

造黄土锈 用胶水均匀涂在玉器上，然后埋在黄土中，使玉器表面沾满黄土斑。埋的时间愈久，所生黄土锈亦愈真。当前坊间地摊上尤多此类古玉，乍一看它们黄土斑斑，非常像刚挖掘出来的"土古"，有些形制很大，初入门者极易上当。

鉴别玉镯的窍门

1. 要认真观察玉镯是否有裂纹，要对每个玉镯正面、反面、内侧、外侧做全面观察，因为严重的裂纹是玉镯的致命伤。

2. 要注意玉镯的形状是否很圆，条径的粗细是否均匀一致，抛光是否过关等。

3. 要注意玉镯圈口的大小和条径的粗细是否符合需要。

4. 好的玉镯应是“有种有色”。“种”指玉质的细嫩晶莹和透明度，“色”主要指翠绿色。

总的来说，应该牢牢记住下面四句口诀：先查裂纹防致命，瑕疵要少工要精，大小不符难成交，有种有色方精品。

和田玉

和田玉的品种

和田玉的经济价值评定依据是颜色与质地纯净度，其主要品种有：

白玉　含闪透石95%以上，颜色洁白、质地纯净、细腻、光泽莹润，为和田玉中的优良品种，在汉代、宋代、清代几个制玉的繁荣期，都极重视选材，优质白玉往往被精雕细刻为重器。

羊脂白玉　白玉中的上品，质地纯洁细腻，含闪透石达99%，色白，呈凝脂般含蓄光泽，同等重量玉材，其经济价值远高于白玉，汉代、宋代和清乾隆时期都极推崇羊脂白玉。

青田玉　质地与白玉无显著差别，仅玉色白中泛淡青绿色，为和田玉中三级玉材，经济价值略次于白玉。

青玉　色淡青、青绿、灰白均称青玉，储量丰富，是历代制玉采集或开采的主要品种。

黄玉　根据色度变化定名为蜜蜡黄、栗色黄、秋葵黄、黄花黄、鸡蛋黄等。色度浓重的密蜡黄、栗色黄极罕见，其价值可抵羊脂白玉，在清代，由于“黄”与“皇”谐音，又极稀少，一度经济价值超过羊脂白玉。

和田黄玉

糖玉　糖玉常于白玉或素玉，称为双色玉料，可制作“俏色”玉器，以糖玉皮刻籽料掏空制成鼻烟壶，称“金银裹”，亦能增值。

墨玉青花籽料杯

墨玉　黑色斑浓重密集的称纯漆墨，价值高于其他墨玉品种。

碧玉　以颜色纯正的墨绿色为上品，夹有黑斑、黑点或玉筋的质差一档。

和田玉的鉴别

1. 软玉与岫玉的辨别　和田玉其质地、硬度和比重都有一定的指标；而岫玉则是产于辽宁岫岩县，其质地、硬度和比重都不及和田玉。加上岫玉开采量大，物因多而贱，故市场价格非常便宜。

岫玉由于质地细腻，水头较足，呈卉状至油脂光泽，所以常常把它做旧来冒充老的和田玉。但岫玉性较软，易吃刀，鉴别的最好办法是用普通小刀刻几下，吃刀者为岫玉，纹丝不入者为和田玉。如果身边没有带刀，只要细看雕刻时的受刀处，和田玉受刀处不会起毛，而岫玉则有起毛。此外，手感岫玉也较轻，敲击时声音沉闷喑哑，不像和田玉清脆。

除了岫玉，还有其他普通玉石用来冒充和田玉，其鉴别方法大致同上。

2. 和田玉与俄罗斯玉、青海玉的辨别 我国青海和前苏联中亚地区，现在也出产一种玉，俗称青海玉和俄罗斯玉，估计皆为天山山脉的支脉所产，故而矿石成分相似。这种玉多为白色，看上去也似蜡状油脂光泽，因此很容易冒充白玉。而且它的硬度和白玉一样，故而不能用与否来鉴别其真伪。但这种玉所含石英质成分偏高，因此与白玉相比，质粗涩，性粳，脆性高，透明性强；经常日晒雨露，容易起膈、开裂和变色。特别是将和田玉与俄罗斯玉放在一起加以比较，一个糯，一个粳；一个白得滋润，一个则是“死白”，其高下之别不言自明。同时，敲击时一个声音清脆，一个沉闷，也不难分辨。

俄罗斯玉雕件

3. 和田玉与“料”的辨别 坊间通常还以玻璃来冒充和田玉，俗称“料”。这方面的鉴别相对不是太难，一般说来，玻璃颜色一气呵成，没有自然变化，里面有料泡（有的可以通过雕工把料泡做掉）；其质料比较纯，比较纯洁，不像和田玉有玉茎，有绵状、萝卜丝状等自然结晶状；用放大镜观察，玻璃的毛孔比和田玉粗得多，断口呈亮碴贝壳状，和田玉则呈暗碴参差状；玻璃的硬度低，容易吃刀，和田玉则硬度高，不吃刀。此外，把玻璃料贴在脸上感觉敏感的部位，其凉的程度低于玉。敲击时一个声音沉闷，一个清脆。

肉眼如何识别和田玉

看玉器的材料 材料是玉器收藏的首要前提，优质玉材对于一件玉器至关重要。目前通常的价格，同等级别的籽玉是山料的6~8倍。在市场或网上，更常见以无皮之山料或俄料，充和田籽料出售。俄料亦属山料且物质成分一样，因出矿地在俄国境内而称俄料，其价更低得多，特性是色白但玉质太水即是透明感过重，密度和油质感均比不上正宗和田籽玉料好。若以俄料充和田籽料件出售，经验少者难以辨之，目前在市场或网上为数不少。

真正的羊脂玉，目前国家没有标准，它是产于冰雪覆盖的冰河中。羊脂玉白若羊脂，不但白且绝不反青，其油脂度特高，不是一般色度达到羊脂级的山料或籽玉可匹敌的。有些老玩家玩玉几十年也难得一求。羊脂玉取得难度之高加上其稀有度，所以爱玉者常有寻羊脂玉难，难于上青天之感。可以这样说，现在就是有钱，也不一定能买到精绝之品羊脂玉。

现如今自称羊脂玉的，其实大多数是高白色的山玉或籽玉，如不带皮的高白玉一般多是山料。玉工都知道籽玉价格高之山料数倍，在做工时一定想尽办法的留皮。有些为了冒充籽玉而想方设法做烧染假皮子的，也常可见之。无皮的玉是不是籽玉，就要靠鉴定者的经验和眼力来确定了，因此往往存在着争议性。

按照和田玉的同等级来说，籽料最为贵重，山流水次之，山料又次之。

辨认造型纹饰 造型是玉器审美的构架，也是决定玉器收藏价值的一个重要因素。造型是由功能及玉坯形状决定的，其比例权衡要适当。匀称而不呆板，均衡而又稳定的是美的作品。

纹饰是玉器的装饰，它的美丑容易为人们觉察、感受。一般说它服从于器型的需要，或者它们两者都取决于社会功能的需要。装饰要看结构、章法、繁简、疏密等处理，凡结构章法有条不紊，统一和谐就具鉴赏价值。

分析工艺细品艺术 玉器工艺是由料变为器的技术条件，它的性质比较稳定，不易被人真正认识，是鉴赏上的一个难题。凡砣工利落流畅、娴熟精工必然是美的或比较美的；反之，板滞纤弱，拖泥带水，则是收藏价值锐减的标志，不可贸然集之。艺术性是每件玉器所追求的最高境界，也是最难做到的。凡气韵生动，形神兼备的都是艺术美的表现，反映了丰富的收藏价值。反之工艺差，艺术低劣，一味模古者违反艺术美的作品，鉴赏价值就逊色得多了。所以对玉的收藏除重视玉的材质，还要注重玉的工艺水平，关注玉的艺术性。原因很简单，玉的材质越好，在大自然中的存量越稀少，其加工难度也越大，制造一件良玉就越难成功，价值就越高。

尽量选购皮色籽玉 和田籽玉外表分布的一层褐红色或褐黄色玉皮，因此习惯上称为皮色籽玉。有秋梨、芦花、枣红、黑等颜色，琢玉艺人以各种皮色冠以玉名，如秋梨皮子、虎皮子、枣皮红、洒金黄、黑皮子，等等。世界上不少玉石都带有此色，但不如和田玉皮色美丽。利用皮色可以制作俏色玉器，自然成趣，称为得宝。

和田籽玉色皮的形态各种各样，有的成云朵状，有的为脉状，有的成散点状。色皮的形成是次生的。自古以来，同等的带皮色的籽料价格要比不带皮色的籽料贵得多。自然灿烂的皮色，是和田玉籽料特有的特征，也是真货的标志。但假沁色的带皮籽料近年非常多见，沁色多附着于表面。外表没有油分比较干涩，没有水头，需要注意区分。

和田玉收藏的四大误区

1. **重古不重今** 玉器与某些艺术品有所不同，玉器的价值原料占很大因素，某些艺术品原料价值低艺术附加值高，对玉器而言万万不可认为是古的就值钱，好料好工、具有代表性、具有历史价值、研究价值的古玉器真值钱，反之真不值钱。

清代的和田玉雕件无论大小百分之八十是青白玉，而且很多雕件因为惜料不敢取舍，所以带裂绺、带瑕疵，就材施艺影响了造型美观，又因为科技不发达，开采条件艰辛、运输困难等原因，在清代每年进贡的玉料中和田羊脂玉寥寥无几，大部分是青白玉，而当今和田玉的开采无论是从每年的产量、质量及籽料出产量都远远超过乾隆鼎盛时期的几十倍、上百倍，从原料来看当今胜过前清，从雕琢技术上看，当今从设计理念、加工设备、雕琢技艺远远超过前人，目前国家收藏的国宝玉器无论是从原料使用、艺术设计、雕琢工艺方面，哪一件都是前人无法达到的，每年“天工杯”得奖作品，每一件都可以与前人比美，件件都是精品、珍品。当代和田玉精品无论是艺术性、工艺性、原料的质量都具备收藏、鉴赏、增值、保值的功能，也代表了中国玉器发展史第四个高潮的最高水平。

2. **重色不重润**　羊脂玉顾名思义就是状如羊之脂肪、即白又润、有油性、温润细腻。白色的石头很多不能认为是白色就是玉，更不能认为白色至高无上、一白遮千丑，石与玉的区别在于石没有玉性，所以不能只重色白不重润，润者质也，没有质只有色犹如没有灵魂、没有生命，所以挑选和田羊脂玉色与润二者不可缺一，挑选白玉、青白玉、在同等色度下重润，以润取胜，有些上乘的青白玉润度超过一般白玉也是和田玉的上品。

一块好的和田玉必须同时具备三项条件：色、润、净。

①**色要正**　不能有两种色相出现，如灰白色、青灰色、黄绿色。白玉的标准色是脂白、奶白、荔枝白；青白玉的标准色是粉青、绿豆青、瓜皮青。

②**质要润**　质地温润细腻，观之犹如脂肪、油润纯净，抚之犹如婴儿的肌肤细腻光滑。

③**整体净**　洁白无瑕是和田玉的美称，整体纯净、无瑕疵、无石筋、无裂绺才是上品。

3. **重皮不重质**　近年来在和田玉的收藏品市场中，出现了很多钟爱和田玉皮色的藏友，痴迷于和田玉美妙的皮色中，如枣红皮、砖瓦红、橘黄皮、姜黄皮、虎皮、撒金皮、乌金皮，等等。这些皮色固然很好也非常难得，但是要看生在什么地方、什么料质上。首先要认定自己是爱玉玩玉者，以玉为本，而不是爱石玩石者（收藏观赏石、奇石另当别论），如果不是玉或是最差的玉，再好的皮色有什么用？如果一块好的和田玉再有上好的皮子，是锦上添花、画龙点睛，增加了它的稀有性，物以稀为贵也就增加了它的价值，所以好的皮色要配好的玉质才是完美的，重皮不重质是本末倒置，从收藏、增值、保值的角度看，只有皮没有质的原料不具备增值作用和可收藏性。

4. 重料不重工　“玉不琢不成器”这是一句人人皆知的名言，玉虽然很珍贵，只有成器后才能体现出真正的价值。也就是说在玉的原有价值上增加了艺术附加值。目前有些和田玉收藏爱好者在选购藏品中一味追求原料的品质，而忽视雕工的优劣及设计体裁的文化内涵。作为一件收藏品，它必须具备一定的可收藏性，深厚的文化内涵、美妙的艺术表现、精湛的雕琢技艺，这些都是收藏性中不可缺少的部分。收藏当代和田玉藏品，首先要分清什么是商品，什么是作品。二者有着根本上的区别。商品是可以重复生产的大众消费品，没有艺术灵魂，充其量也只能是工匠技艺的表现。一件好的和田玉作品，它体现了制作者的文化学识、艺术修养、雕琢功力，使人们在品位、鉴赏、把玩中得到享受，特别是玉雕大师们的杰作及获奖的名家名作，每件都是神形兼备，都是珍品、神品，具有很高的艺术价值。随着时间的推移，它们会变得越来越珍贵。

一个和田玉雕件无论原料再好，如果没有深厚的文化艺术内涵及精湛的雕琢技艺，它也只能是一件半成品，没有收藏性，也没有鉴赏性。

田黄石

田黄石的收藏与鉴赏

田黄石产于福州沿寿山溪流域的水田、砂土中，原石多为自然形卵状独石，形似和田籽玉，因石质上佳、挖掘艰难而显得尤为珍贵。田黄石细腻温润，呈微透明或半透明状，萝卜纹明显；新出田黄的表面带石皮者较多，间有格纹，这些都是田黄的重要特征。

寿山溪全长约 8 公里，以地理位置上来划分，田黄的产地有上坂、中坂、下坂和碓下坂之分。上坂位于溪流的源头，所出田黄色略淡，通灵莹澈；中坂田黄堪称最为标准，色浓而质嫩；下坂处于溪流下游，石质略逊于上、中坂，色泽亦暗如桐油；碓下坂近乎鹿目格，质粗硬而色黝暗，鉴藏家谓之“山黄”“斡黄”。

田黄色泽和质地变化较多，按传统习惯可分为田黄、红田、白田、黑田 4 种。根据色相的不同又分为“黄金黄”“橘皮黄”“枇杷黄”“桂花黄”“鸡油黄”“熟栗黄”“皂黄”“桐油黄”等多种。其中特别通灵脂润者，又名“田黄冻”。红田的色泽鲜红艳丽，犹如红橘皮，这种石质十分罕见。白田多白里泛黄，非纯白色；黑田有纯黑、灰黑等几种，纯黑田，其通体黑色中略带褐色；灰黑田色非纯黑，略带淡灰色。另有“银包金”（外表白色，内为黄色）和“金包银”（与前者相

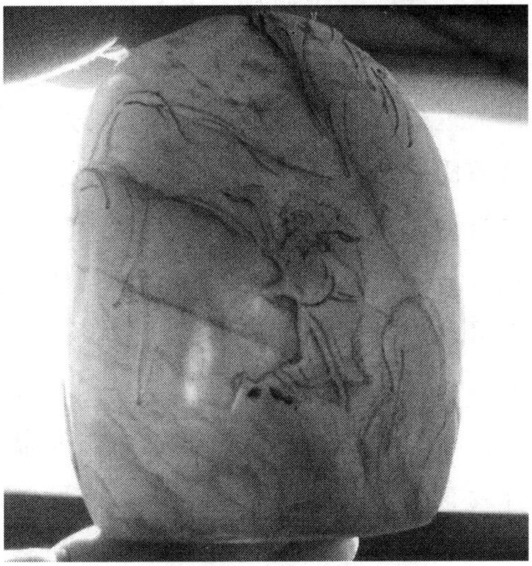

血丝田黄冻

反），被当地人称为“金银地”，十分罕见。

由于田黄石稀有名贵，故其仿冒品和以次充好的假田黄在市场上屡见不鲜。不过只要将与田黄相混的其他黄寿山的石质弄清，掌握它们的异同点，鉴别起来是不难的。掘性杜陵坑、掘性高山和掘性坑头虽然与田黄一样皆属冲积型砂矿类独石，但因其二次生存环境与田黄不同，其石表酸化程度不及田黄深化。这些石头尽管也有萝卜纹，但温润、腻凝度不够，掘性杜陵质洁而坚，掘性高山质细而松，掘性坑头质虽近似田黄，但有白点如虱卵，也与田黄有别。鹿目格亦属零星块状独石，质细而润，但不透明，且无萝卜纹。碓下黄质硬而涩，无石皮，无萝卜纹，石中多白色泡点，此特征易辨。善伯洞为杜陵余脉，性微坚，半透明，肌里多含金属细点及粉白色块状物似“花生糕”，故不难辨别。连江黄质硬多裂，其纹粗而直，与田黄有明显区别。荔枝洞色质通灵艳丽，亦有萝卜纹，但腻凝度不够。

旧藏与新出田黄石有新坑和老坑之别。一般来说，民国之前出土的称老坑田黄，而现代出产的称为新坑田黄。人们都认为老坑比新坑好。那是因为老坑质地细洁、温润、腻凝，萝卜纹（又称橘囊纹）清晰可辨且纤细而绵密。入刀的感觉特别惬意，可用一个“糯”字来概括。章料以方形、长方形雕钮者居多，亦有不施任何雕饰，一任自然的六面素方章。另外传世老坑田黄因为年代久远的，多有一层可爱的“皮壳”（俗称包浆），显得古意盎然。新坑田黄亦有萝卜纹，但质地优劣悬殊，温润细腻度逊于老坑，且材形尤以自然形为多。新坑田黄另有一个重要特征，即外表常裹着一层黄色或黑色的皮层，且体内隐有红筋状的格纹，透过石皮可以观察到逐渐变淡的肌里，温润可人。今人有所谓“无格不成田”之说，其实“格”是福州方言裂痕的意思，裂纹毕竟是瑕疵，是一种石病，格多非好石，如果把“格”看成是田黄的标志，并以有无“格”纹来判别田黄的真伪，那就大错特错了。

田黄鉴定要点

要品鉴一枚上品田黄石材或田黄印章至少得掌握以下几点：

色 既然是田黄，直观的第一眼就应当是它的颜色——“黄”，这必须放在首位。因为黄颜色是中华民族的正色，是国色，“黄”和“皇”又是谐言，和封建社会的皇帝沾边。这无疑会受到历代统治者的推崇。所以，田黄的“黄”，就要求黄得浓艳俏丽，黄得娇美醒目，黄得明朗神采，如同金子般的灿烂。如果外面有包裹着的皮质层，如“银包金”“金包银”“乌鸦皮”等品种，也应当要求色差大，黄白分明，黑黄清晰。而某些颜色黯淡、混浊，偏杂色或模糊色的田黄，即便质地不错，块头再大，也称不了上品田黄。

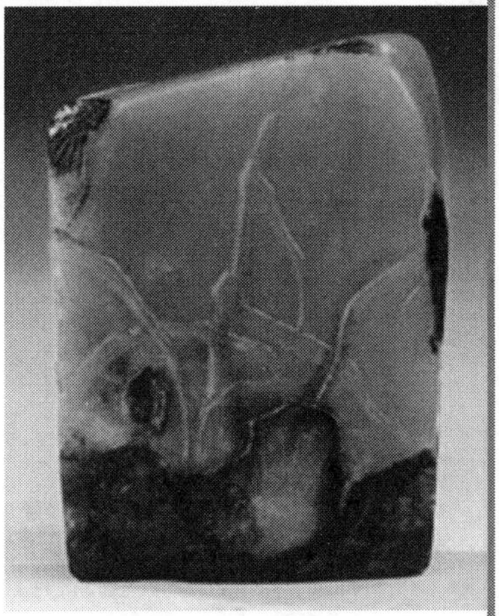
乌鸦皮田黄石

质 田黄的品质高低优劣一般以“六德”作为欣赏、品判的标准，即细、洁、温、润、凝、腻。上品的田黄，可集凝结、脂润、通透、纯净、细腻为一身，宝光四溢。握于手中，如同婴幼儿的肌肤，温嫩细润无比。平时即使不加养护，也能保持湿润，无干燥之感。同时，上品的田黄，纹理要美，格路要少而浅淡，如生有皮质层，应求薄而质细者为佳。

形 石材或印章以高大方正为优。但田黄“无根而璞”，出土时均为椭圆状，一般人不忍取方正。那么，如果是椭圆形，则应尽量取饱满、浑圆、规矩，长、宽、厚比例协调的为好。那些矮、小、仄、薄，棱角尖凸，未加取舍，纯为凑重量的则不值得高价入藏或投资。在形的方面，宁要小巧而别致的，不要选择大而平庸者。

工 除上述三点外，上品田黄玩件、印章还必须要有制作工艺。俗话说，“玉不琢不成器”，田黄亦然。即便是质优的田黄，如未雕未琢，无钮无工，充其量也仅是一块上等石材，一方美石而已。

玉　器

古玉器常用术语及古玉沁色名称

一、古玉常用术语

俏色　又称巧作，指巧妙利用玉料上的不同颜色琢成图案纹饰，增加表现力。

玉皮　指玉石表面的皮称为玉皮，有色皮、石皮、僵皮，等等。

脱胎　指出土玉器经人工长期把玩盘摩后，玉质晶莹亮润，色泽愈发鲜艳的一种变化，犹如羽化成仙，脱出凡胎。

白化　玉器入土后，受到埋藏环境地下水的影响，其显微结构发生变化，透明度丧失，颜色变白的现象。

喇叭孔　指用旧式工具钻磨的圆孔，上大下小，状如喇叭，俗称“喇叭孔”。

管钻痕　指器物表面留下的圆孔钻孔的痕迹。

象鼻穿　又称“牛鼻穿”，指并排二孔，内部相通。

通心穿　俗称“通天眼”，孔从顶至底钻成。

汉八刀　汉代特有的刀法，器物线条粗劲、简练，雕琢极少，似八刀刻成。

透雕　指镂空雕法。

圆雕　指立体雕法。

浮雕　起浮变化的纹饰称浮雕。

游丝雕　汉代特有的刀法，指线条织细如丝，作断游动状。

剔地平雕　先在玉料表面设计主纹，把主纹外的地子均匀琢低在一定深度，将主纹凸显出来。

二、古玉沁色名称

铁沁 地下水中铁质氧化后顺着玉石较疏松的纹理沁入玉器体内部（沁入玉骨），形成红褐色、褐黄色的沁色。

洒朱点 是指玉器沁色为小红斑。

蛤蟆皮 指玉器沁色为赭青黑色。

牛毛纹 指玉器裂纹细如牛毛。

鱼子斑 指玉器沁色为小黄斑点。

乱柴枝 指玉器沁纹杂乱无章。

蚂蚁肢 指玉器沁纹短小为直角状。

冰裂纹 指玉器沁纹类似放射线。

鸡骨白 指玉器通身或大部已氧化成灰白色似鸡骨色。

五彩、七彩、十三彩沁 指古玉器沁色之多，多种沁色及一件古玉器上。自古就极受古玉藏家玩家追捧。

蚀点、蚀坑、蚀斑 指玉器受腐蚀后器身上留下的腐蚀点，腐蚀坑及腐蚀斑。在放大镜下观察，一般腐蚀坑洞外小内大并附着有闪光星点金属物及其他物质。而人工作假用化学剂腐蚀的坑点一般是外大内小，较容易分辨判别。

古玉器的“三忌”、“四畏”

古玉有“三忌”“四畏”。所谓“三忌”，是指古玉忌油、忌腥、忌污浊气体。所谓“四畏”，是指古玉畏冰、畏火、畏姜水、畏惊气。

1. **忌油** 古玉应避免接触油腻，因为油脂会封堵玉质的微细孔隙，使玉质中的灰土不能退出来，玉器便不会莹润，透出所谓的清光。

2. **忌腥** 腥气或腥液中所含的化学成分，如卤盐等，对玉器有一定的腐蚀，而导致玉质受损，所以古玉要避免与腥物相触。

3. **忌污秽** 古玉忌污秽的道理与忌油相似，即污秽会使“土门”闭塞，而使玉质中的灰土不能退出，甚至反受其浊。因此玩

玉前要洗净双手。

4. **畏冰** 如果古玉时常近冰，或被冻，则色沁就不活，没有润感，谓之“死色”，甚至使玉质可能会产生裂纹而不可挽救。

5. **畏火** 古玉如果常靠近火或热源，则可能使“色浆”尽褪，色浆主要是指玉质的表面光泽和透明度。古玉近火受热，尤其是高温，可导致裂纹的产生，亦可伤及玉质，从而失去光泽，降低透明度。

6. **畏姜水** 古玉与姜水接触，往往会使已有的沁色黯淡无光。切勿以姜水除去出土古玉的土腥气或腐臭气，如果浸的太久，还会使玉器浑身起麻点。以后即便不断“盘玩”，也难以补救。

7. **畏跌撞** 即所谓畏惊气，是指当佩戴者受惊或不慎将玉器跌落在地或碰撞于硬物之上，重则粉身碎骨，轻则产生裂纹，即使看不见，也不意味其完好无损。因为重撞之下，内部结构总会受影响，即便是肉眼看不见的微细裂纹，也是玉器的隐患。

玉器的保养

收藏到一件好的玉器，还要学会保养。养玉大致有下列要点：

1. **避免与硬物撞碰** 玉器受碰撞后很容易破裂，有时肉眼虽看不出裂纹，但玉表层内的分子结构已受损坏，产生了暗裂纹，天长日久就会显露出来，大大损害其完美性和收藏价值。

2. **尽可能避免沾染灰尘、油污** 玉器表面若有灰尘，宜用软毛刷清洁；若有污垢或油渍等附着于玉面，可用温淡的肥皂水刷洗，再用清水洗净。切忌使用化学除油剂。对于严重污染的旧玉可到生产、清洁玉器的专业公司用专业的超声波清洗保养。

3. **玉器佩挂件不用时要放妥** 最好放进首饰袋或首饰盒内，以免碰伤。

4. **避免与香水、化学药剂、肥皂或人体汗液接触** 因为玉器接触太多的汗液后，即会受到侵蚀，使外层受损，影响本来的鲜艳度。翡翠、羊脂白玉，更忌汗和油脂，佩戴之后要用柔弱的布擦净。

5. 避免阳光长期直射　玉器阳光暴晒遇热膨胀，分子体积增大，会影响玉质。尤其是水晶、玛瑙等受到高热会发生爆裂，因此更忌接近热源。

6. 环境不可干燥　过于干燥的环境容易使水分蒸发，从而损害玉的品质。

养玉专用术语简释

擦玉　是用清洁过的软毛巾或者羊皮擦玉器的表面，可达到一定的养玉效果。

盘玉　是通过手玩或摩擦脸部，其人的身体的皮肤表面有意识地进行摩擦。但是人体皮肤含有油质，盘完玉后应用干净软毛巾擦掉油质。

养玉　包括擦玉、盘玉在内，注意正常的湿润度，像佩件、手镯类通过佩戴可以达到玉石内部及表面达到一定的润而透的效果。

修复　对有碰缺损坏的玉件，应及时修复，才具备养玉的条件。

恢复　对于一些摆放在太阳（紫外线）强烈照射或是室内有强光长时间照射的恢复，放在阴潮的室内一段时间，即可恢复玉石表面的吸附水，再用软布擦拭即可恢复一定的润度和光亮度，也可在博古柜及柜台内放置一杯水，也可达到上述效果。

补水　指抛光过度使玉石表面吸附水及分子层间水损失，其表面结构受到一定的损伤，叫做非金属“疲劳”，其特征是玉石表面为干枯的光亮。比较好的方法是“盘玉”和“土浸”，在一定湿度的土里放置一段时间能达到补水的效果。或者是用生的竹子再抛光一次，也可以达到一定的补水效果。

“疗养”　有些厂家为了降低打磨抛光成本，用一些廉价的绿粉抛光，对玉石表面进行抛光，会把玉石的翠部分“烧”掉“一层”。其疗养方法是用热水加洗衣粉洗去玉石表面的绿粉，再用热水加透明香皂水彻底洗净、晾干，然后用生竹子加钻石粉再次抛光，恢复翠的原面貌和自然特征，也可达到养玉之效果。

避　避碰伤碰坏，保存妥善，避免与酸碱类物品接触，避免长期强光照射，以免损伤玉石表面结构。

翡　翠

收藏翡翠要弄清三概念

翡翠主要是由硬玉矿物或含硬玉分子较高的其他钠质辉石构成的集合体，同时还伴生少量的其他辉石、闪石、钠长石等矿物。

翡翠是达到宝石级的硬玉的商业名称，是玉石中最为珍贵，价值最高的玉种，素称“玉中之王”。

翡翠的质量和价值主要从其颜色、质地、工艺等方面来衡量。初藏翡翠，首先要搞清楚三个概念，那就是种、水、色。

“种”　有多种解释，有专家解释说，种是指翡翠的结构，也有人说是透明度的代名词，和水一样。还有说法是相当于质地。目前市场受追捧的是玻璃种。

“水”　即通透度，翡翠内部因为结晶不同，而呈现出不同的形态，有的清澈如水，有的则透明如冰。翡翠是多品质矿物集合体，透明者极为罕见，绝大部分翡翠都是不透明至半透明。

“色”　翡翠除了绿和红之外，还有紫、白、灰、黄、黑等色，浓淡不同，色层各异。同时，雕刻工艺上，传统的翡翠饰品的雕琢重在意和境上，在形上不一定求物的结构比例正确，在顺势处理上只要合意即可。因此，要从传统文化的基础上去品味它的内涵。

对于“十翠九裂”这种说法，翡翠本身是石头的一种，在地壳下形成，有纹路是很正常的。只要不是后期人为加工而成的或损坏形成的，且用肉眼看不到，不影响美观，就不会影响其价值。

辨别翡翠的基本常识

什么叫有色无种　行家称翡翠的透明度为种，种好就是透明度高的意思。有的翡翠颜色虽然够鲜艳好看，但透明度差，这种翡翠就被称为有色无种，价值就不会很高了，因为透明度差，当光线射在它表面时不能透入，只能从表面反射出来，它的绿色也不能透过光线放出来，使人感到这翡翠的颜色很死板。好的翡翠必须是色种兼优。

什么叫福禄寿　翡翠的颜色是多姿多彩的，特别的一点是几种颜色可能会同时存在在一块翡翠上面，假使同一块翡翠上面有着绿色、红色、紫色时，这块翡翠被认为是十分吉祥的象征；它代表着福禄寿，三喜。尤其是三种颜色能均匀分布在手镯上时更为难得，假如它更是有种有色的话，那就价值不菲了。

什么叫水头　水头是行家话，这是指翡翠的透明度，透明度高的，行家称为水头长，反过来，透明度差的，称为水头短。

在观察翡翠水头的时候必须十分仔细，因为透明度与翡翠本身的厚薄有关，要特别小心有些翡翠成品中间是经过挖空的，因为挖空部分翡翠薄了，透光性能就好多了。看起来似乎水头长多了。

相对来讲透明度越高的翡翠质是越好，价钱当然要越贵了。玻璃种马鞍种质通透，也就是说水头很足。

什么叫地子　在讲到翡翠种质时，往往要提到翡翠地子的种类。地子又叫底子，简称地或底，指的是翡翠除去绿色部分的基础部分，都称为地子，也就是底色的意思，常见的地子有以下几种：

玻璃地　白色或其他颜色，透明，明亮如玻璃般的地子。

冰地　透明度比玻璃地稍差，但清澈如冰一样的地子。

藕粉地　半透明，像熟藕粉一样颜色的地子，常常会带有一些粉红色或紫色。

豆青地 不透明，一种淡黄绿色的地子。一般晶体颗粒较粗，质地也较粗。

瓷地 不透明，白色，如瓷器般的地子，质地较差。

油地 半透明至透明，颜色带灰蓝的绿色，质地虽细，但颜色发闷也是较差的地子。

翡翠的“正色”和“偏色”

所谓“正色”和“偏色”，是翡翠界对翡翠颜色类别和颜色的档次的一个大致的划分标准。绿色和红色在翡翠商业界中被视为正色。凡是价值高贵、达到宝石级的翡翠，均要求其颜色为正色或带有正色，并具有浓郁、纯正、明亮、均匀的特点，即所说的浓、正、阳、匀。

翡翠6种正绿色 翡翠的绿有多种多样，也就是说绿的种类很多，但仅有以下6种绿，被翡翠界称为正绿色：

艳绿 不带黄色调或其他色调的深的正绿色，俗称高绿或帝王绿，具有这种颜色的翡翠在市场中的价值最高。给人的感觉是高贵、庄重、大方。

苹果绿 用肉眼观察不出黄色来，但其绿色实际上含有少许黄色调，并向黄色调稍有偏离。给人的感觉是旺盛、充满活力。

秧苗绿 用肉眼可以观察出绿中有微少的黄色，犹如春季秧苗返青时的嫩绿。给人的感觉是鲜活，富有朝气。

翠绿 明亮的深绿色略带黄色调，给人的感觉是赏心悦目，欣欣向荣。

俏绿 中等深度的正绿色，给人的感觉是高雅、美丽。

黄阳绿 较浅的绿偏黄色，给人的感觉是轻松、清雅。

翡翠3种正红色 正色的红有以下3种：

亮红 鲜艳的红略带黄色，象征着富丽、喜庆和吉瑞。

橙红 为红色与黄色的混合色，象征快乐、丰收和富足。

蜜蜡红 为红色、黄色和白色的混合色，象征高雅、安宁和舒适。

偏色 除上述绿色、红色以外的其他绿色、红色及其他颜色（灰蓝、黄、白、黑等），皆为偏色。偏色在色谱上多偏于蓝、黑、黄等色段。如蓝绿、灰绿、瓜皮绿、暗红、棕红和褐红等，这些颜色的翡翠在市场中很多，价值也不高。另外，对于紫色，传统的翡翠界将其视为偏色。但在近20年中，紫色，尤其是紫罗兰色（俗称“春”）的价值一直被人们看好，成为价值仅次于绿色的一个颜色品种。

蜜蜡骏马雕件

翡翠真假的鉴别

质地 天然翡翠质地透明或半透明，表面油润亮泽，仔细观察，可见近圆形的稍透明盐粒和围绕其周围的纤维状物质。

硬度 天然翡翠是硬玉，摩氏硬度是7度，用锋利的刀具刻划，不会留有痕迹；假玉硬度低，利刀可刻划出痕迹。

翠性 天然翡翠对着强光观察，可见其中有其他矿物颗粒的翠色闪光，称为翠花或翠性。用玻璃、塑料、瓷料制成的伪品都无此种“翠性”特征。

相对密度（比重） 天然翡翠结构坚硬紧密，无气泡，密度较大，敲击时声音清脆；伪品则结构较松或有气泡，密度较小，敲击声音沙哑不清脆。

色泽 真品翠色浓艳纯正。而有些伪品是用白玉、蛇纹石、澳洲玉、韩国玉、云石甚至杂石，经脱色后，灌入高硬塑料浆并作加色处理，或浸入绿色液体制成“加色翡翠”，在强光下观察，可见绿色纹路，杂乱而细小，有的虽不显纹路，但浑浊不清，光泽差，其重量比真品轻。

将假品放入煮熔的蜡液中，所灌入的颜料会慢慢析出。这样检验，既不会损坏被检样品，又可鉴别出真假。

用塞尔西滤色镜观察，加色翠在镜下为紫红色，天然真品颜色不变。

有的假翡翠用玻璃人工熔炼而成，结构松懈，绿色均匀偏暗，有的有气泡，用硬器敲击，声音沙哑。

翡翠优劣的鉴别

翡翠是玉中之王，与钻石、红宝石、蓝宝石、祖母绿并称世界“五大名宝”。

翡翠习惯上又称为缅甸玉，是缅甸出产的硬玉。日本、俄罗斯、墨西哥、美国加州等均产有硬玉，但其质量与产量远远不如缅甸。

评价翡翠优劣的先后顺序，应该是色、种、质、工。先看色，再看种和质，然后看工。颜色是决定翡翠价值的重要因素，颜色就是价值，颜色差一点点，价值差很多，这样看来，如何正确观察翡翠的颜色就非常重要了。中国人有句话：“月下美人，灯下玉。”说明人们观察人、观察玉受光源及环境的影响。在观察翡翠颜色时，最标准的光源是太阳光。因为在黄光灯下看翡翠颜色会显得鲜艳些，饱和度也会显得高些，颜色就会变得较好。而在白光灯下看翡翠会淡些、暗些，翡翠颜色会显得差些。所以对于看翡翠颜色来说，绝对要做到“灯下不观色”，这一点则显得尤为重要。

记住这点之后，其余只要记住“浓、阳、正、和”四个字就可以了。

浓　是指颜色的饱和度，又是颜色的深浅，一般行话把颜色深的称为颜色较老，颜色浅的称为颜色太嫩，不太了解翡翠的人以为颜色越老越值钱，其实不见得，不同年龄的人对翡翠颜色的喜好都不一样，年轻人喜欢颜色淡一些的，年纪大的人喜欢颜色深一些的。

阳 是指颜色明亮的程度，同样的颜色可以有不同的明亮程度，这就是我们平时所讲的这件翡翠颜色很鲜艳或这件翡翠的颜色有点暗。我们观察了翡翠颜色的深浅之后就要看它的鲜阳度了，因为鲜阳度是构成翡翠颜色美感最重要的因素，所以翡翠颜色越鲜阳，价值也就越高。

正 是指颜色的纯正程度，在观察翡翠看不出有其他颜色的色调时，是纯正度最高的颜色——纯绿色，在其他条件相等的情况下是最美的绿色，价值也是最高的。

匀 是指翡翠颜色分布的均匀程度，由于翡翠是由无数微小晶体组成的，所以翡翠的颜色很难均匀，不均匀是翡翠颜色的特点，翡翠的均匀度越高，含绿色越多，价值也就越高。

以上四点便是评价翡翠颜色优劣的基本，而翡翠的颜色又是评价翡翠价值最直观的因素，因此这四点可谓是研究翡翠颜色的关键了，而能否正确分辨这四点却需要对翡翠长时间的琢磨和经验的积累。

鉴赏翡翠通常是从色、地、水、工几个方面来评估。选购翡翠时主要遵循以下几点：

首先确定翡翠的真假，其次确定翡翠是否经过处理，最后确定翡翠的好坏。好的翡翠标准是：

颜色 越翠绿越好，越均匀越好。

水头 越透明越好。

结构 越细腻越好，石花、斑点、裂纹越少越好。

工艺 越精巧越好，比例协调更重要。

俏色 越形象生动越好，主题鲜明、简洁更好。

翡翠的种类及鉴别

目前市场上流行经营的翡翠玉种类，按真假等级划分，主要有以下四类：

A 类货　既是天然质地，也是天然色泽。鉴别办法从以下三点着眼。

①三思而行、斟酌行事。由于矿藏和开采量的关系及人们需求量较大的特定条件。目前市场上很好的翡翠玉较少。特别是颜色翠绿，地子透亮的品种则少之又少。

②一般如秧苗绿、菠菜绿、翡色或紫罗兰飘花的品种当为常见。

③灯光下肉眼观察，质地细腻、颜色柔和、石纹明显；轻微撞击，声音清脆悦耳；手掂有沉重感，明显区别于其余石质。

B 类货　将有黑斑俗称“脏”的翡翠，用强酸浸泡、腐蚀，去掉“脏”，增加透明度，再用高压将环氧树脂或替代育填物贯入用强酸腐蚀而产生的微裂隙中，起到充填、固结裂隙的作用。

① B 货初看颜色不错，仔细观察，颜色发吊发邪，灯下观察，色彩透明度减弱。

② B 货在两年内逐渐失去光泽，满身裂纹，变得很丑。这是由强酸对其原有品质的破坏引起的。

③密度下降、重量减轻。轻微撞击，声音发闷，失去了 A 货的清脆声。

C 类货　完全人工注色。

①第一眼观察，颜色就不正，发邪。

②灯下细看，颜色不是自然地存在于硬玉晶体的内部，而是充填在矿物的裂隙中，呈现网状分布，没有色根。

③用查尔斯滤色镜观察，绿色变红或无色。

④用强力褪字灵擦洗，表面颜色能够去掉或变为褐色。

D 类货　冒充翡翠饰品的 D 货主要有以下两大类：

①玉石类。即其他玉质冒充翡翠。主要有泰国翠玉和马来西亚翠玉、南阳独山玉、青海翠玉、密玉和澳洲绿玉及东陵石等。上述翠玉与翡翠的区别：一是硬度低，二是密度小（重量轻），光泽较弱。

②绿色玻璃及绿色塑料。这些替代品大部分颜色发呆难看，光泽很弱。相对密度很轻，硬度低（用钉子可以刻动），无凉感。

如何辨认常见的几种假翡翠

现在市面上常见的几种翡翠仿冒品有以下几种：

马来西亚玉 简称马来玉，近几年市场上很常见。有马来翡翠、南洋玉、韩玉的别称，是一种经人工染色的石英岩，它的硬度和断面形状都与翡翠很相似，只是密度低。此外，它的颜色发艳、偏蓝，行家一眼就能看出来。一般 4~5 克拉的马来玉戒面价格就应在 20 元以下。

澳洲玉 成分是二氧化硅（SiO_2），学名叫绿玉髓，因产地主要在澳大利亚而得名。与翡翠相比，它的绿色偏黄（嫩绿），有飘浮感，且比重较小，也比较脆。澳洲玉小饰品的价格也就几十元。

东陵石 又叫印度玉，绿色的东陵石曾被称为印度翡翠，化学成分也主要是二氧化硅，属石英岩。绿色东陵石底色油绿（不正），上面有光亮的小点，密度低于翡翠，其价格不及优质翡翠的百分之一。

乌兰翠 我国在 20 世纪 80 年代刚发现时几乎将其误认做翡翠。它是石榴石、透辉石等矿物的集合体，硬度和密度都与翡翠相似，但外观上很粗糙，抛光性差，成品上可以看到细小的麻坑和蜘蛛纹，远不如翡翠质地细腻莹透，相撞时发出的声音低沉，不如翡翠制品清脆。

东陵石象

翡翠做假的方法

翡翠原料及成品做假的方法层出不穷，在购买时一定要认真小心对待。

颜色做假 ①染色及怆色，通过加温把有机染料加进翡翠内部称染色。始色，水好的翡翠加热到 212℃，随即放入铬盐液中浸 2 个小时，铬盐会渗透在翡翠晶格内，使其显美丽绿色。②镀膜翡翠，用有机绿色染料涂于翡翠饰品表面。也是“穿衣服”。③增亮不抛光，翡翠饰品不去抛光，而喷上一层绿色的或无色的增亮漆。

原料做假 ①二层石，主石为下等翡翠原料，在切口处粘上一层水好色好的翡翠薄片。②三层石，主石为下等砖头料，中间粘上一薄片绿玻璃，其上再粘上水好无色翡翠薄片。③人工做皮，找绿而未找到或底差，或赌石赌输了而再粘上，用于同皮一样的泥砂胶混合在翡翠原料表面上。④翡翠人工打眼，在翡翠近表层处打孔，孔内放入绿色物质，再把孔封上，使人们能从表皮看得见其内有绿。⑤火烧翡翠，新种玉用火烧后使人看不清而充当老种玉。⑥人做切割痕，做成像洗衣挫板一样，光线进不去，难于观察。主要是底脏水差裂多而为之。

翡翠的养护方法

1. 佩戴翡翠饰品时，应避免与硬物频繁碰撞，尤其不能使其从高处坠落，否则会出现裂纹甚至破碎。

2. 翡翠表面也容易吸附油污，因此应时常擦拭清洗，否则会使翡翠黯淡无光。

3. 翡翠饰品忌与酸、碱等化学物质长期接触，否则会发生腐蚀。

4. 翡翠怕高温，尤其经过优化处理的 B 货翡翠，高温下容易使翡翠中的填充物老化变质，或出现铁锈斑，影响翡翠的质地和美观。

5. 不要将翡翠首饰长期放在箱里，时间久了翡翠首饰也会“失水”变干。

鸡血石

鸡血石的收藏与鉴赏

鸡血石

鸡血石是我国最名贵的印石之一，产于浙江昌化玉岩山。因色彩艳丽鲜红如鸡血，故有“国之瑰宝”美誉，与寿山田黄、芙蓉并称“印石三宝”。在国石评比中，昌化鸡血石曾荣登六大“国石”之一。

相传，古代有一种鸟，叫“鸟狮”，又称凤鸟，生性好斗。一天，觅食飞过玉岩山，见一凰正在孵蛋，顿生恶念，向其发起攻击。毫无准备的凰被咬断了腿。凤闻讯赶到，同仇敌忾，战胜了“鸟狮”。凤凰虽然胜利了，但凰鲜血直流，染红了整个玉岩山，遂成了光泽莹透如美玉的鸡血石。据考证，鸡血石的开采始于明代，而盛名于清代，康熙、乾隆、嘉庆等皇帝十分赏识昌化鸡血石，将其作为宝玺的章料。

欣赏与收藏鸡血石，首先要看血色，应以鲜、活、凝、厚为上品；其次要看地子，质地透明无杂钉俗称“起冻”者，是妙品。近代篆刻大家邓散木说：“鸡血石其品之高下，则在地在血。”可谓一言中的。鸡血石最罕见的珍品有：满地全红的“大红袍”、淡灰如藕粉的“藕粉冻”、乌黑光亮的“牛角冻”、腻结似羊脂冻的“白玉冻”；红（关羽）、白（刘备）、黑（张飞）三色掺和的“刘关张”。其他还有“荸荠糕地”“肉糕地”等。

鸡血石的品级与鉴定

鸡血石的好坏，首观鸡血颜色是否红，质地透明的程度，缺陷的多寡，这是最基本也是最重要的进行鉴定的方法。

一、血色的鉴定

1. **血色**　鸡血石的颜色以鲜红为最贵，次为朱红，暗红较差。鲜红者又称“活血”，暗红则因似凝血故称“死血”。

2. **血量**　一般来讲，鲜红血含量大于30%则为高档品，大于50%者为精品，大于70%者则为珍品。当然，含血量也不是多了就好，如全部都是血，那就是一块辰砂而不是鸡血石了。对成品印章而言，六面血者为上品，叫“满堂红”；四五面含血为正品；二三面含血次之；单面见血者为下品。

3. **血形**　有星点状（点血）、条带状（条血）、块状（块血）三种，血形评价当以“血”在石“地”中的分布特征，若如云似雾，构成抽象的图形，则价值倍增。

4. **浓度**　指依鸡血本身之聚散程度，而分为浓、清、散三级，以浓血为贵，散血则如鸡血水稀释，而影响档次。

二、质地的鉴定　质地是指鸡血石本身的石质，其优劣依颜色、透明度、光泽度和硬度四种特性表现来品评等级。

1. **颜色**　一般石色有单色者亦有多色共生者，无论何者，均以色细腻而纯净者为佳，其色悦目即为佳品。

2. **透明度**　依次分为半透明、微透明、不透明三级。

3. **光泽度**　蜡状光泽是鸡血石的代表性光泽，其质地自身的光泽强弱则是鉴定质地优劣的重要标准之一。

4. **硬度**　上品的冻石硬度通常在摩氏硬度2度左右，2~3度者为佳品。

三、缺陷的鉴定　缺陷主要指鸡血石毛料和成品中的杂质和裂纹，它的存在将直接影响鸡血石的美观和价值。杂质可分为硬性杂质和软性杂质两类。

1. **硬性杂质**　包括有石英粒(在质地中呈豆状凸起，俗称“石钉”)、黄铁矿（呈云雾状、浸染状，产于鸡血和质地中或沿微裂隙分布)、火山岩团块（一为角砾状圆碟状、另有不规则状，其色泽与质地软硬质都有)。

2. **软性杂质**　包含有冻石细脉和火山岩团块。

3. **裂纹**　可分为同生与后生两类。同生裂纹内常有地开石、黄铁矿等填充物，对鸡血石花纹和形象在美观上有此影响，但在整体档次与价值上有时候反而为收藏者所喜爱。后生裂纹因地壳运动或采矿爆破引起，很大地影响鸡血石档次。

四、赝品的鉴别　鸡血石由于价格昂贵，所以很多造假者制造赝品鱼目混珠，以牟取暴利，所以赝品的鉴别尤为重要。赝品鉴别：可分为鸡血、质地、重量等三种方式：

1. **假鸡血**　没有银斑，色度深浅不匀，线条粗细不一，花纹不自然，排列不符合鸡血赋存规律，肉眼细观极易区别。

2. **质地**　用塑胶化合物假造，完全没有石感，用刀刻也没有石屑粉。有人甚至将鸡血石切片，再粘贴于粗石上，再用填缝胶及石粉黏合，状极似真鸡血石，仔细在强光下则可辨别真伪，或观察血色及画形是否一致或有无连贯，不难识破。再则，有人用石粉加化合物，塑模涂上“朱砂”或大红水彩假造鸡血而成。

3. **重量**　真鸡血石的重量较沉稳，假鸡血石的重量较轻浮，只要细心用以下步骤测试：①用砂布细磨，真鸡血石材会呈石粉状而有朱砂红之现象，化石物则没有。②用刀雕刻，假鸡血石下刀后呈塑质之卷曲石屑，能感觉出来。③用火烧，假鸡血石会有烧焦的胶臭味，真鸡血石则不会。④用手量质重，假鸡血石因质地不同而感觉较轻。⑤贴肉试石感，假鸡血石没有石质的冰凉感。

昌化鸡血石与巴林鸡血石的辨别

20世纪70年代，在我国内蒙古赤峰地区巴林右旗，亦发现有鸡血石，产量较昌化多，与昌化鸡血石相比，其质地不及昌化

昌化鸡血石

巴林鸡血石

之细腻、带韧性，且石中含水量较高，天旱易裂。血的分布大多呈一条条的血筋状，纵横交叉，散而不聚，且极易氧化而发暗。此外，还有一种在蛋青色带透明的地子上，有粉红色血者，该类血色净淡，不鲜不浓，若桃花初放，称桃花血。内蒙古鸡血是昌化鸡血的同族异种，价值与同级昌化鸡血相比亦差甚远。

昌化、巴林两地的鸡血石虽然在成分和结构上相近，可品质上则不尽等同。昌化者血色浓重，辰砂含量可达70%以上；而巴林者则血色稀薄，缺乏立体感。若论鸡血石地，昌化者多见有不易刀刻的“砂丁”，而巴林石地多不含砂，并常见有冻地，故有了“北地南血”之说。总之，真正能上鸡血石王位的也只有昌化石，如“冻地鲜血大红袍”等。

1. **血色辨识** 昌化鸡血石血色鲜红，分布具方向性、有规律，巴林鸡血石血色暗红或为不成熟的大红，呈棉絮分布。

2. **质地辨识** 昌化鸡血石的矿物组合复杂，性坚韧，常含少量杂质，而巴林鸡血石矿物组合单一，性嫩易裂，况且巴林鸡血石中，感光元素含量高，日光照射容易变色，目前尚达不到昌化鸡血石的价值。

鸡血的作伪方法

镶嵌法 采一质地较好的昌化石章，选择其几面醒目的地方，分别挖出一个个深浅不一的小坑，然后用红色的硫化汞涂料嵌入，待其自然阴干后，再磨光上蜡。此种镶嵌式的做伪法，初级而原始，容易辨认。因为嵌入的鸡血（硫化汞）没有层次，同时血与昌化石的交接处色泽生硬，没有过渡。

浸渍法 取一方昌化石，在需要的地方涂上硫化汞，阴干再涂，再阴干，使其血稍有层次，然后放在透明的树脂里浸渍，务使周身浸到，拎起晾干，再有细水砂打光，即成。此法因树脂易老化，日久表皮会泛黄，与内部的石色不相协调，同时树脂表皮的毛孔比较粗，用放大镜仔细观察其表面有一点点细小的棕眼，而这一切都是真的昌化鸡石血所没有的。

切片贴皮法 采用先进的切割机器，把石章之6个平面分别切割出薄如纸的六面。于其内需要的地方涂上硫化汞，待晾干后再用热烫的办法和以胶水把原来切割下来的六个薄片按原样贴回去，然后用细码水砂掺油或水，把薄片与胶合处的线角磨光。这样鸡血的红色看起来生在石章里面，而且自然分布，但血的层次毕竟只能停留在一个平面上。据此石章，只能局限于正方或长方形的石章，圆形、椭圆形、畸形、带纽的石章都不行。也无法截断和刻边款，因为这样一来，薄片烫贴的痕迹就显露了。

添补法 即是在真的昌化鸡血石章上，再添加硫化汞，并在添补的部分表面罩上一层极薄的树脂，磨光后即成。这类方法是在血上加血，无疑是“锦上添花”，价值大增。同时真中有假，假假真真，稍一疏忽，便会上当。所以对于特别好的鸡血，在观察时必须注意和联想到作伪者的手法。

奇　石

奇石的种类及识别

灯光冻石 灯光冻，又名灯明石。微黄纯净细腻，温润柔和，色泽鲜明，半透明，光灿若灯辉，故名。灯光冻质雅易刻，明初已用于刻印，名扬四海，为青田石之极品，“高出寿山诸石之上”，价胜黄金。产山口封门、旦洪和方山白垟，近年时有产出，数量极少，难得大方。

青田灯光冻石

封门青石 封门青，色淡青，如春天萌发的嫩叶，有的偏黄、白。如灯光冻，微透。篆刻印章，最宜走刀，尽得笔意，为难得之珍品。产山口封门。此石极纯，了无杂质，故曰“清”，以产地加特征为名。封门矿石材甚丰，封门清为数不多。一般质纯，细腻，不冻、色泽鲜明的石材，统称为封门石，是制作印章和精雕品的上等石材。

蓝青田石 蓝青田，又名封门蓝，宝蓝色，质细腻，有些石内常隐现白色冻点，比重大，硬度小于4.5，宜制印章。罕见价高，产山口。蓝青田如呈点状或片状分布于浅色石料中，则称蓝星青田、蓝带青田。

蓝丁青田石 蓝丁青田，俗名蓝花钉。蓝钉主要由刚玉组成，呈球状或拉长的球泡状，蓝色或灰蓝色，硬度大，难以奏刀。但蓝钉周围多为优质冻石，艺人喻其为“骨边肉”，将其巧妙利用，能雕成精美的艺术品。产山口。

白果石雕 乳白或灰白色，如白果。质细、结实、不透，有柔嫩感，刀感好，是上等印材。

塘古黄白冻 塘古黄白冻，质纯洁无瑕，黄似田黄，白如封门，黄、白冻石常伴生，色间过渡自然，难得大块。产塘古。

黑青田石 黑青田，色为正黑，色泽明亮，质纯而细润，常夹生其他颜色冻石，界线分明，是制印、雕件的优质石料。艺人常巧用俏色，作品别具情趣。产山口、塘古。麦青，青灰、绿灰或黑灰色，质稍粗，近似黑青田，两者极易区别。

绿青田石　绿青田，色为绿和墨绿，质细，晶莹，性脆。石中常隐黄、遏色似云状、梅桩状斑和黄、白色点。产山炮村，俗称山炮绿。露天开采，料多方大。质纯净、色泽鲜明、无杂质斑点者为佳品。

红木冻石　红木冻，红木色，质细润，光泽好，常夹生青白、淡黄色冻石，甚为珍贵。产季山。

金玉冻石　金玉冻，颜色多为中黄、淡青两色相间，色间过度自然。质细腻、柔和、少裂，是青田佳石之一。产山口。

紫檀冻石　紫檀冻，习惯称呼，约定俗成，其实不是紫檀冻的冻石。此石的地一般为紫檀色，细腻，不透，受刀。料中夹生淡青或浅黄色囊状、层状冻石。形多方大，是雕刻花卉的理想石材。产山口。同一产地的紫檀花和紫檀冻外观相似，但夹生的浅色石料非冻石，石质一般，两者极易区别。

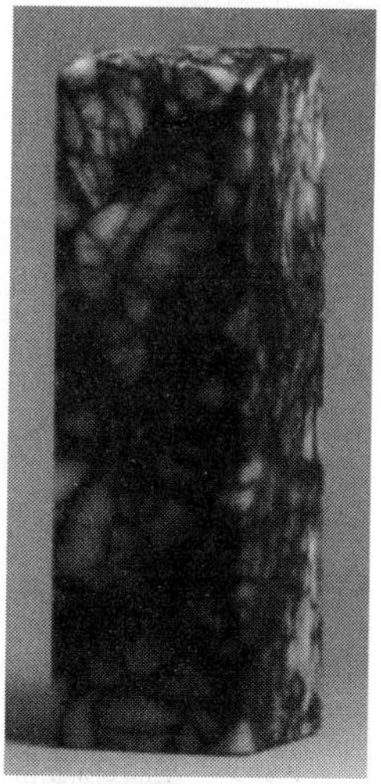
紫檀冻石

夹板冻石　夹板冻，简称夹板。冻石呈层状夹生于普通青田石或熔结凝灰岩中，层次分明，似夹心饼干，故名。冻石和夹板因产地不同，颜色各异。冻石厚度不等，多者数层。夹板越硬，冻石越佳，是青田石雕优质原料。产山口、方山、季山、塘古等地。

千层纹石　千层纹，深浅不同的颜色层状相间，色层厚薄不等，界线分明，对比强烈。石质细腻，结实少裂，适于奏刀。产山口。

龙蛋　龙蛋，俗称岩卵，酷似蛋，大小不一。紫棕色薄“蛋壳”，裹生着不同颜色的冻石“蛋黄”。外壳有硬有软，软的受刀。冻石以浅黄、淡青色居多，纯净温润，为青田石之珍品。龙蛋产周村，多堆积于高山坡积层或蕴于地表孤岩中。采石者无“气头”

内蒙古巴林粉冻石“螭虎”

可循，从山脚上逐层搜掘，或劈石取“蛋”，十分难得。

五彩青田　五彩青田，又名五色青田、五彩冻。此石一般由数色组成，同一颜色又有层次变化，两色间往往有过渡色相隔，绚丽多彩。质地细润，极易受刀，刻成作品视觉主题突出，能充分表达意境，是青田石珍品之一。产山口。

值得收藏的中华五大名石

大理石　大理石是一种变质的石灰石，石上呈现出各种色彩和花纹，被公认为石中之王，列在“五大名石”之首。大理石又分为汉白石、绿花石、水笔花石、灰石等 10 多个品种，最珍贵的要算五彩石。

太湖石　产于太湖地区的太湖石属于造型石，它具有自然山水之美，常用做园林布景，或做山石盆景。太湖石的审美原则为“瘦、皱、漏、透”，它外表圆滑，难有峰棱，颜色多呈灰白色，黑色较为稀奇。

雨花石　古称文石或锦石，产地在南京中华门外的雨花台。雨花石的形状各异，大小不等，因石面上有如雨花般的五彩石纹而得名。

孔雀石　在我国，孔雀石主要分布在西南地区，因石纹像孔雀的羽毛而得名。孔雀石的形状多姿，颜色多彩，有钟乳状、片状、葡萄状，颜色有墨绿、粉红、天蓝等。最珍奇的是绿色中出现一条黄色光带的孔雀猫眼石。

英石 产于广东英德。常见的英石是黑中有白的石筋，少见的有全黑、全白、全青色的。白黑透红更是难觅的珍品，被称为“桃园三结义”。质地优良的英石，用手指叩，会发出悦耳的声响。

具有收藏价值的奇石

近年来，奇石收藏在我国蓬勃发展，据不完全统计，全国奇石爱好者达3000万之众。那么，究竟哪些奇石具有收藏价值呢？专家认为：评价奇石的收藏价值可从形、色、质、纹四个方面入手。

形 要求石形完整，多姿多态，风情万种。

色 以色艳为上品。

质 以坚为要，以硬为妙，手感润滑细腻为上。

纹 图纹清晰，质纹流畅、线条柔和。

总之，或石形奇异，或石色奇丽，或石质奇坚，或石纹奇妙，越奇越值得收藏，越奇越有经济价值。

奇石收藏价值的鉴别

奇石的天然性 奇石是大自然的产物，比之人工，叫做“天然生成”。它不依赖于人的意志和作为，人们关于它所能做的，就是“发现”。它与一切人工的技艺区别开来，是大自然鬼斧神工的杰作。由于长年裸露自然或是泥沙包裹水土浸润的原因，石的表面已经形成了一层“皮”。如果已经不让你看那层“皮”的，那就是已经告诉你那不是天然的了。鉴别这层“皮”，要靠经验和眼力。

奇石的稀有性 奇石所以为奇，就是因为它稀有、罕见、异乎寻常。在其质、形、色、纹方面，奇石都是石中的少数。

奇石的完整性和完好度 只要是天然形成的，什么样的奇形怪状，都不是奇石的缺损。相应地，还会增加它的美感和收藏价

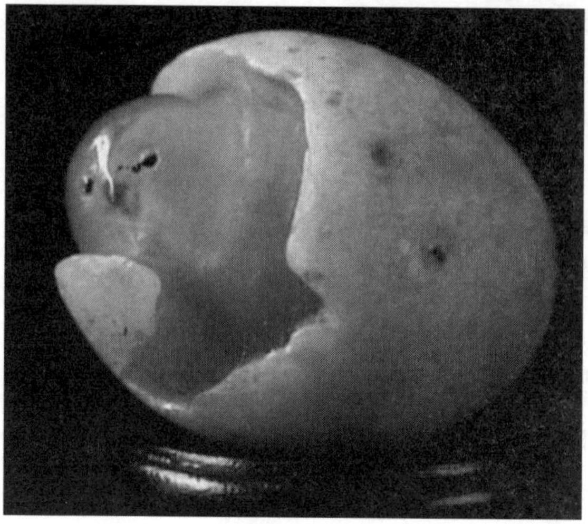

中华奇石

值。奇石的缺陷存在于后天的损坏。没有一个标准可以统一地划定什么比例下缺损的奇石会失去收藏价值，因为还要现实地考虑缺损的部位，缺损与作为奇石收藏价值含量的比较。当然，最好是没有损坏，完好无缺。

有的奇石是组石，两枚、三枚以至于多枚配合为一组。比如那些“岁寒三友”“十二生肖”等的组石。得其中的部分，就是不完整的。

奇石的赏玩价值 核心地讲，奇石的收藏价值与其赏玩价值是密切相连和呈正比例关系的。奇石的赏玩价值大，则收藏价值亦大；奇石的赏玩价值决定其收藏价值。奇石的赏玩价值，是以其质、形、色、纹、势的物的存在形式展现，并由人们去品其奇、巧、怪、美、韵的味，由此获得玩石的审美体验和美的享受，并由此奠定了奇石的收藏价值。奇石的品味，有极强的个体差异性，这种差异，就是奇石收藏价值大小的分别，是由奇石审美的理念来说明的。

奇石的体量和硬度 作为收藏的奇石，虽然有其或大或小的个人偏好，但是至大，也要区别于山峰，也不包括那些只能存在于大自然中的奇形怪石。因此，作为收藏的奇石首先要满足于天然地作为独立的个体存在形式，和不因环境的变化丧失“奇”的特征的属性。通常的情况，奇石的收藏要选择适度的和适合个人收藏条件的体量。

作为奇石的硬度，则是奇石收藏必须考察的一个指标。奇石

奇石宴

的硬度是奇石的质所决定的，它决定其抵抗外力刻划、压入、研磨的能力，直接关系到奇石收藏的保藏价值。奇石的硬度高，则石的密度大，质感好，赏玩价值亦大。硬度高者概括为一个“坚”字。奇石质坚，给人的质感是：细、润、光、洁。硬度是一个地质学的概念，其指标，从一至十级，级别越高硬度越大。作为收藏的奇石，硬度起点应是4度（以萤石为参照系）至于以上，是奇石收藏的基础要件。

奇石收藏的人文因素　同很多的收藏品都有这个附加值一样，奇石收藏也要看原收藏者或是使用人，奇石收藏也离不开收藏的这个基本规则。一件奇石，会因收藏者的不同而形成不同程度和含量多少的附加值。

奇石“五鉴”

奇石贵在体现了大自然鬼斧神工的力量，所以奇石的收藏非常讲究“天然”。具体而言，有以下“五鉴”：

目鉴 主要是鉴赏奇石的造型、色泽、纹理、体量。品其瘦漏透皱之秀、五彩缤纷之色、变幻无穷之文、大小雄奇之体、点线面之协调，通过目鉴，奇石的主要特征一目了然。

手鉴 就是拿在手上欣赏。可以说奇石与其他收藏品的重要区别就是奇石可以被珍爱者反复长久地摩挲。石之湿润枯涩、粗糙致密、坚硬脆碎、石体轻重等石质特点便可摸清。

耳鉴 一般而言，声音清越者，石则细腻坚挺，常有光泽，少奇特之造型。无金属之声而音沉闷者，石质粗脆，石色暗淡，多玲珑之躯。

鼻鉴 个别矿物晶体拥有自身特殊的气味，偶然间寻得一块沁人心脾之石，其特异的价值必将非同小可。

心鉴 这是奇石鉴赏的最高境界和最终归宿。所谓“形象三分，心象七分”是也。心鉴时，往往见石非石，忘记自我。以自己的审美观念，通过联想，想象而达到主客体之统一，了悟人生哲理，形成对世界和宇宙之独到认识。

如何给奇石打分

以整体形状为观赏要素的奇石，可归纳为形、质、色、纹、趣、韵、气七字要素。基本打分参考：

主景（石头）：占总分的 70% 着重观赏七点：

1. **石形** 指奇石的天然外形，奇石的外观形状及轮廓构图情况，要求观赏面没有人为加工痕迹，石的表面的起伏、凹凸、孔洞、沟槽自然。

2. **石质** 包括石头的天然质地、结构、坚硬、密度、细腻、润泽，表面光洁程度，以及有无天然石皮等。

3. **石色** 指石头原本具有的天然色泽，以纯粹为佳。近年赏石界又看中“巧色”。所谓巧色是指石色能巧妙地与石的造型相配合，使形象更生动，内容更丰富、美观。

4. **石纹** 指石头表面天然形成的纹理及皱褶等。

5. **石趣**　即趣味性，石之形惟妙惟肖会给人妙趣横生之感。

6. **石韵**　即观石有韵味，又分神韵、风韵。

7. **石气**　即气质，爱石者通过观赏造型特点，悟性出石的气质或品格，有豪壮、清纯、古朴等。

基座：占总分的 20%　一件奇石精品必须要配一个相匹配的好座，分为工艺型座，根艺型座、盆盘座和平盘座等，以达到充分突出主景，渲染主题，使得石与座上下协调，主次和谐的目的。

题名：占总分的 10%　要求给一件奇石的取名贴切、深刻，能广泛地得到观赏者的认同，并有一定的文化品位。

假奇石的鉴别

制造假冒赏石的常用方法有以下几种：

雕刻研磨　用砂轮机打磨石头或者穿洞。此法以前常用于某些易于加工的钙质山石类。

填充　先用机械加工石头至里层，然后用化学材料填充形成各种图案或者文字，最后再研磨石头表面。

染色　用化学方法为无色或颜色暗淡的石头加色。

局部处理　在石头局部或者关键的部位利用人为的加工使之形成好像完整的整体。

拼接和粘贴　就是将一块石头用化学材料拼接到另外一块石头上。

涂面　在石头表面涂上一层蜡或者涂料，增加石头的色彩和光辉。

收藏观赏石品质是关键

观赏石各有特色，但无论哪一个品种，都应具有空间体态美、轮廓线条美、自然和谐美。

珍品观赏石往往可遇不可求。一般来说，适合个人收藏的观赏石以微型和小型为主，中型、大型、特大型观赏石更适合用于展览和园艺。

力求“型”“质”兼备 观赏石的收藏价值关键在于“奇”。天然观赏石愈是奇特怪异价值愈高。一块观赏石是否具有收藏价值，必须具备造型、质地、纹理、色彩、光泽等方面的品质。

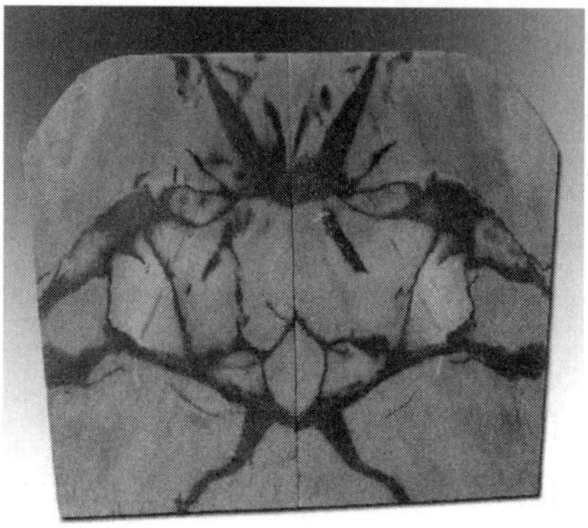
观赏石

造型 这在观赏石品质中很关键，有“型”才会有“神”，同时观赏石的形态要力求“和谐”，各个组成部分要保持有机联系，使单纯的东西不至于单调。但并不是说收藏观赏石要刻意追求表面奇巧、形状怪异，因为观赏石的价值不仅仅体现在形体上奇特怪异，更要有突出的主题，这样才具有艺术价值、观赏价值、收藏价值，令人费解、毫无主题的石品升值前景十分渺茫。

石质 好的石质必须坚硬、细腻，质地松软、外表粗糙的石头收藏价值极低。一般具有油脂光泽、金刚光泽者为好，玻璃光泽者次之，无光泽者最差。收藏专家介绍，一件观赏石没有破损、石病，是属于质的完整；造型的外轮线条和细部肌理线条也完美无缺，则为型的完整；造型的起点、层次均自然流畅，则为气韵的完整。

当心人工造假 目前市场上的伪劣观赏石主要是通过人为加工而成，收藏者应从石肌的水洗度、石皮色浆这几方面辨真伪。一般来说，水洗度不足的水冲石常有石商用喷沙来清洗含有泥沙的石肌，通过人为加工使之表面光滑，但经喷沙处理的石头用手触摸不如自然水冲石光滑，有刺痛感，颜色也较为灰白，一般情况下，传统供石、山石容易造假。传统供石大多属于碳酸盐类岩石，质地较为松软，而山石在清理表层皮壳风化土时，常会有人工雕琢现象。投资时应对精妙的地方细心观察，看其纹理、肌理是否自然，与主体是否浑然一体，是否经人工雕琢等。

其　他

三种黄蜡石的特点

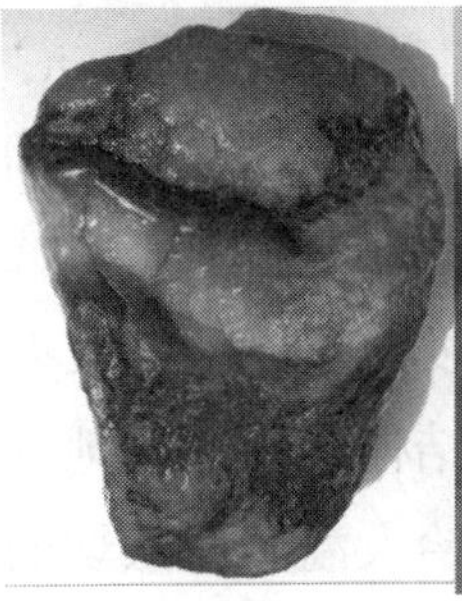
黄蜡石

红冻蜡

晶蜡

冻蜡　一般认为，冻蜡是蜡石中品位最高的，因此，各地蜡石玩友有动辄将手中蜡石以冻蜡称之的现象。冻蜡具备如下两个特质：一是具隐晶或微晶质地，二是有很好的透光性。冻蜡一般具有玻璃状或蜡状光泽，有些冻蜡的上述光泽要打磨抛光后才体现得出来。其透光好，品质的高，较易用肉眼判断它的纯净程度及所包含的不良杂质。

胶蜡　与冻蜡相比，胶蜡透光度较弱，一般以手电贴近照射可见数毫米光晕散开，但蜡质感往往更强，呈典型的蜡状光泽。有部分胶蜡是由一种叫“光玉髓”的矿物经酸性土壤渗染而成，其表面蜡黄，而内里却呈红棕色或红黄相间色，可能因矿物渗染或氧化转色致呈多色，半透明或不透明。

晶蜡　晶蜡的晶体较粗，一般带有角锥状晶簇的蜡石称为“晶蜡”，也有把那些肉眼可看见结晶颗粒，结构不是那么均匀致密的蜡石称为“晶蜡”或“结晶蜡”。

对于各种黄蜡石，一般来说没有什么特别需要注意的地方。质优的黄蜡石不需要特别的保养，平时常抹抹石蜡油或是婴儿的润肤露都可以了。一般的矿物油都可以做黄蜡石的保护膜，植物油最好少用，因其容易使黄蜡石变质。另外，为了使黄蜡石更美观，最好要为其配一个座子，好的座子可令黄蜡石的观赏性更上一层楼。

黄蜡石收藏四要素

黄蜡石的质和色是藏品的决定因素，而黄蜡石收藏品的形和产地也可提升其价值。

要素一　黄蜡石的质地的致密度、细腻程度、透光性及反射光线的柔和程度都是考虑其品级的重要指标。结构致密、质地细腻、透光性好的黄蜡石，对光线的折射柔和，给人温润而亲切的黄蜡石绝对是佳品。在黄蜡石众多品种中，要数冻蜡的玉化度最好。

要素二　顾名思义，黄蜡石的色泽以“黄”为贵。黄蜡石藏品的色彩以鲜艳者为佳，比如黄红这样的颜色是不错的选择。人们在赏玩时，多以寓言吉祥的颜色为佳。黄蜡石的颜色愈鲜艳、愈纯正、愈稀有为上品。

要素三　黄蜡石的形状奇特多样，有的很像动物，有的像网络，有的像花簇，惟妙惟肖，令人叹为观止。如再配上合适的架座，乃天赐佳品。

要素四　产地也是黄蜡石藏品价格的决定因素之一。黄蜡石的产地不少，黄蜡石是广东较出名的观赏石种之一，广东各地多有产出，像潮州，台山，阳春，都有比较好的蜡石；广西八步出产的黄蜡石也有佳品，广西除八步外，柳州、贺州、钟山、金秀等地所产蜡石质地也有不错的。

灵璧石收藏先辨真伪

黑色灵璧石　女人体雕塑

石头本无所谓真假，但是，灵璧石具有观赏、收藏、流传价值，可以作为商品流通，各个石种之间又有价值高低、数量多寡的区别，因此也出现此类石冒充彼类石以牟利的问题。造假者常常对自然形成的石头采用切割打磨抛光、钻孔镶嵌、烧烤涂油、假矿物晶体、假生物化石等手法进行造假。

由于灵璧石硬度较太湖石高，检验时可以用利刃轻轻削刮石之底座，若是刮出石屑，即为假灵璧。另外，太湖石虽有白脉，但远不如灵璧石黑中映白的条纹清晰而众多，这也是分辨一法。

现在，人为加工灵璧奇石主要有两种方法：一是粘缀，一是斧凿、锯底、钻洞。

粘缀的目的往往是为了增加奇石的奇巧程度。粘缀主要用于像形石，所以观察自然景观石时就应注意石之起峰处，观察像形石时还应注意突出部分（如手、足、翅、五官等），看其是否与主体浑然一体，有否有胶粘痕迹。

斧凿、切面、锯底对于大多数奇石来说是不适宜的。古人用斧凿钢锯作假较易分辨，因其痕迹较明显，而现代人利用盐酸来模糊作假痕迹，分辨就比较困难。

现在还有些人为了使奇石增值，使用更为巧妙的电钻电锉法，加工者在钻洞磨峰后往往还要细致地用细砂磨、盐酸渍，不经意者往往难辨其真假。

木鱼石的鉴别

鉴别木鱼石主要应从以下几个方面入手：

1. **颜色**　好的木鱼石颜色鲜艳，干净，呈现明亮的紫檀色，颜色较深。而不好的木鱼石颜色发红发乌，光洁度较差。当然并不是说颜色越深越好，如果颜色艳丽，但不自然的石材也属于人造石材，而且，同一品种光泽度都低于天然石材，好的紫檀木鱼石（木纹石）鲜亮颜色是由于岩石中含 Fe^{+3} 的氧化物和氢氧化物而致，用通俗的话说就是“颜色一定要正”，让人看着觉得舒服，赏心悦目。

2. **敲击**　用茶具的壶盖轻轻敲打壶身（不要用力过度，以免碰残），如果声音明亮、清脆，那就是质量较好的木鱼石；如果有“噗噗”的声音，感觉发闷，或者是敲击的余声不止一个，那就是质量有问题的。因为天然木鱼石含有褐铁矿，主要矿物是钙镁碳酸盐。无论是紫檀木鱼石（木纹石）或者黑檀木鱼石都可以用敲击的办法来鉴别，有经验的业内人士也用敲击法区别天然石材和高级防天然石材。染色石材一般采用石质不好、孔隙度大、吸水率高的石材来鱼目混珠，用敲击法即可辨别。

3. **材质**　好的木鱼石产品表面光滑，干净，用手触摸感觉流畅自然。而不好的木鱼石表面粗糙，用手触摸有凹凸不平的感觉，这是因为它的材质欠佳。好的木鱼石像玉一样是具有灵性的，特别是木鱼石壶具，不仅要用，还要“养”，养玉，养石其实和养宠物的道理一样，上等的石材不仅陶冶自己的情操，同时对它也有深厚的感情。老百姓讲话：通人性。尤其奇石好玉，可以辟邪消灾，福慧双修，护身平安。

4. **做工**　做工是木鱼石工艺品的灵魂。好的木鱼石做工精细，雕刻精美，刀工有力，一气呵成，整体观察流畅自然，细节和一些不易观察的小地方处理得当、细致。而不好的木鱼石做工粗糙，整体感觉压抑、不协调，而且最重要的是细节问题处理马虎，有的甚至根本就不进行处理。特别是木鱼石工艺品茶具，工艺在其中起着画龙点睛的作用。古语说“玉不琢，不成器”就是讲的做工。

5. **价格** 随着木鱼石材料在逐年减少，现在的木鱼石的原材料的价格也在不断飙升，所以说：如果产品的价格过低，那就证明它的材质一定有问题。

6. **纹理** “十玉九纹”，天然玉石内部的纹理是自然形成，是天然的美，也是区别真伪的依据，木鱼石又叫木纹石，顾名思义，其纹理酷似天然木纹，是造化的钟灵毓秀，出自天然，而人造石材花纹无层次感，花纺、颜色是一样的，无变化，因层次感是仿造不出来的。

7. **抛光度** 木鱼石其本身自然抛光度就高于其他玉石类，如果全部手工自磨光（非机械机器抛光），会呈现天然玉石的光泽，不褪光、不变色的特点，而其他非手工类无此优势。

奇石的养护

很多人认为应该用油漆或油脂涂石表面。但事实证明，虽然短期内，油脂能让奇石看起来更有质感，但长此以往，油脂阻碍了石头的呼吸，轻则色泽发生变化，重则返潮。

奇石的正确养护方法也有很多，最好的方法是“手养”。行话说：养石即养心。常常抚摸石头，手上的油脂通过体温传递到石头上，石质会越来越温润。

最常使用的是“蜡养”。上蜡前将石头洗净，再加热。加热可用火烤、日晒、水煮和气蒸。前两种方法注意受热的均匀，后两种方法注意把水分完全晾干。最后一个步骤就是用固体蜡块接触发热的石头，让蜡融化渗透即可。

好马配好鞍，一个好的底座对奇石来说是画龙点睛的一笔。在其他工序都完成的时候，别忘了给它配上一个合适的底座。

珊瑚的种类

珊瑚是最早被人们认识和利用的宝石之一，是著名的佛教七宝（金、银、琉璃、砗磲、珊瑚、玛瑙、珍珠）之一。

珊瑚生长在海中，又像树枝又像花，很久以来，一直误认为是一种海生植物。直到20世纪20年代才发现：珊瑚不是植物，而是一种腔肠动物——海生珊瑚虫分泌的碳酸钙骨骼。珊瑚的品种极其繁多，品质也各异。

深海珊瑚又称贵重珊瑚，一般生长在100~2000米深的海中，它在世界上的分布有一定局限性。由于它的石化过程是在深海中完成，所以珊瑚宝石的孔隙较小，密度较大，结构致密，硬度变化在3~4之间，可以作为各种雕刻艺术品和珠宝首饰的原料，因此被称为贵重珊瑚。深海珊瑚中以红珊瑚最为珍贵，因此红珊瑚就成为贵重珊瑚的代名词了。

珊瑚常见颜色有浅粉红、深红色、橙色、白色，少见黑色，偶见蓝色和紫色。

按成分和颜色可分为：

碳酸钙质（钙质型）珊瑚——主要成分碳酸钙，有机质含量极少。常见的品种有：

1. **红珊瑚**　著名产地有阿尔及利亚、突尼斯、西班牙沿海、台湾基隆和澎湖列岛、意大利及法国的比斯开湾等地。

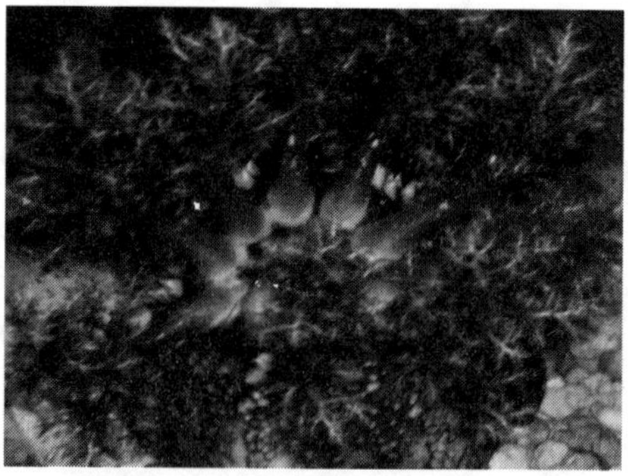

红珊瑚

2. **白珊瑚**　主要分布在中国南海海域、菲律宾海域、澎湖海域和琉球群岛海区。颜色分白、灰白、乳白、瓷白。主要用于盆景工艺或染色原料。

3. 蓝珊瑚　浅蓝、蓝色，是较为稀少的品种。主要分布在大西洋地中海海域，如喀麦隆沿海。

有机质（角质型）珊瑚　几乎全部由有机质组成的珊瑚。常见的品种有：

1. 黑珊瑚　产于红海中部、澳大利亚、中国南海。是柳珊瑚的特殊品种。褐黑色，由壳角蛋白组成，异常坚韧，蜡状光泽。横切面有收缩的树轮状构造。可做烟斗、刀柄、摆设、戒面等。黑珊瑚可以漂白处理成金黄色，冒充天然的金黄色珊瑚。

2. 金珊瑚　金黄色、黄褐色。表面有独特的丘疹状外观，有的表面光滑，在强的斜照光下可显示晕彩（或光彩）。

常见的仿制红珊瑚

1. 白珊瑚染色　有纵向纹理，颜色均匀。

2. 填充珊瑚染色　将质地疏松的浅海造礁珊瑚用注胶方式填充染色而成。表面光滑，粗糙易碎，颜色易褪变，填充处颜色和整体珊瑚不同。

3. 合成珊瑚染色　将各种贝类或造礁珊瑚研成粉末，再塑注成各样珊瑚的形状。没有自然纹理，颜色易褪变，这种方式造出的“珊瑚”几乎每件都相同。

4. 石仿珊瑚　用白云石、方解石等石料染色制成。颜色均匀，易褪色，没有珊瑚光泽。

5. 塑料染色　塑料制品染色成红珊瑚。重量轻，易褪色，无自然纹理与光泽。

6. 美容珊瑚　最容易以假乱真。它是以劣质珊瑚或白珊瑚为核心，采用特殊涂料与珊瑚粉末层层包裹，并将红珊瑚天然瑕疵（如小白点、小黑点）也加以仿制，有时可以达到以假乱真的程度，一般消费者难以辨别。

珊瑚的保养

1. 避免重击、碰撞、以免宝石脱落损坏。

2. 避免接触化妆品、香水、酒精、食盐、油污和醋等。

3. 珊瑚的结构不致密、有孔隙，易弄脏，清洗时用中性肥皂水。然后拿干净棉毛巾擦干即可。

4. 用无颜色无蜡质婴儿油或橄榄油之类，轻拭后放置一晚即可恢复光彩。

5. 因为珊瑚的化学性质不稳定，夏天炎热人体流汗时，不宜久戴珊瑚饰品，因汗液中的盐和酸性分泌物会腐蚀珊瑚。

玛瑙的收藏与辨识

玛瑙一词源自佛经，是古代的七宝之一，是长寿之石，史称琼玉、赤玉。

由于玛瑙在社会上越来越受到人们的喜爱，需求量也越来越大，鱼龙混杂的现象也就在所难免。消费者要避免上当受骗，买到称心如意的玛瑙饰品，就需要掌握一定的玛瑙鉴别知识。玛瑙石有自然色的，也有后来加工染色的。自然色主要有红色、琥珀色和白色。其中，以红色为名贵。市面上出售的蓝色、紫色的玛瑙首饰不是本色，是经过加工后染上的，用几年后会出现褪色。鉴别真假玛瑙可以从以下几个方面着手：

1. **颜色**　真玛瑙色泽鲜明光亮，假玛瑙的色和光均差一些，二者对比较为明显。天然红玛瑙颜色分明，条带十分明显，仔细观察，在红色条带处可见密集排列的细小红色斑点。用石料仿制的假玛瑙烟壶多数在底部呈花瓣形花纹，络成“菊花底”，而染色蓝玛瑙颜色艳丽、均一，给人一种假的感觉。

2. **质地**　假玛瑙多为石料仿制，与真玛瑙比质地较软，用玉可在假玛瑙上可划出痕迹，而真品则划不出。从表面上看，真玛瑙少有瑕疵，假玛瑙则较多。

玛瑙

3. **工艺**　质量质优的玛瑙生产工艺严格且先进，故表面光亮度好，镶嵌牢固、周正，无划痕、裂纹。

4. **级别**　水胆玛瑙是玛瑙中最为珍贵的品种，特征是玛瑙中有封闭的空洞，其中含有水。

5. **透明度**　真玛瑙透明度不如人工合成的好，稍有混沌，有的可看见自然水线或“云彩”，而人工合成的玛瑙透明度好，像玻璃球一样透明。

6. **重量**　真玛瑙首饰比人工合成的玛瑙首饰重一些。

7. **温度**　真玛瑙冬暖夏凉，而人工合成玛瑙随外界温度而变化，天热它也变热，天凉它也变凉。

常见的假钻石种类

钻石由于稀少而价格昂贵，尤其是稍大粒的钻石，一般人都不敢问津。于是，用廉价宝石、人造宝石甚至玻璃来代替或冒充钻石的活动就隐秘地或公开地愈演愈烈，假钻石的生意也日益兴隆起来了。据研究和统计，常见的形形色色的假钻石共有 13 种，现介绍 7 种如下：

玻璃　用玻璃磨成的假钻石很容易区别，因为它的折光率低，没有真钻石那种闪烁的彩色光芒，稍有经验的人一看便知。另外，可用白瓷碗盛一碗清水，冒充钻石的无色玻璃制品漫入水中即看不清其轮廓，而真钻石暗黑的轮廓在水中显得十分清楚。

人造尖晶石　它和钻石的区别是，缺少闪烁的彩色光芒，将它浸入二碘甲烷中，也会轮廓模糊，而真钻石的轮廓则十分清楚。

水晶和黄玉　这两种天然矿物的透明晶体，经琢磨后也有点像钻石，但都缺少闪烁的彩色光芒。且它们都是“非均质体”，而钻石是“均质体”，用偏光仪易于区分。

人造蓝宝石 无色透明的人造蓝宝石在琢磨后也可作为钻石的代用品。但它在“二碘甲烷”中几乎消失不见，而真钻石的边缘暗黑，非常清楚。

锆石 在人造立方氧化锆出现之前，锆石是最佳的钻石代用品。锆石具有很强的双折射，即它有两个折光率，并且两个折光率之间的差别较大。由此而产生了一种很特殊的光学现象，当用放大镜观察琢磨好的锆石棱面宝石时，由其顶面可以看出底部的面和棱线有明显的双影。而钻石因为是“均质体”，绝无双影现象。

人造金红石

人造金红石 金红石是一种普通的天然矿物，它的成分是二氧化钛，由于它的折光率（2.61~2.90）比钻石（2.42）还要高，故琢磨宝石后能出现明亮耀眼的闪光，且能出现彩虹般的变化，显得非常美丽。可惜的是，天然金红石几乎全是不透明的，所以 1947 年才经美国铅业公司首先制出了人造金红石。其中无色透明者用做钻石代用品或假冒品，其五彩缤纷的闪光超过了真钻石，常被称为“五彩钻”或“五色钻”。但由于金红石有强烈的折光率，故与锆石一样，能用放大镜从顶面看到底部棱线的显著的双影，故易与钻石区别。此外，“五彩钻”因闪光过分艳丽，并带有不清澈的乳白光，故有庸俗之感，远不如钻石闪光的高雅可爱。

立方氧化锆 （即“苏联钻”）：这是首先由前苏联推出的最理想的钻石代用品或冒充品，是人造化合物，无天然矿物。自从立方氧化锆问世后，其他多种人造宝石原料，都只用做别的中低档宝石代用品，而不再来磨制假钻石了。这是由于立方氧化锆在折光率、色散等方面与天然钻石很接近。但它的硬度较低（8.5），比重为钻石的 1.6~1.7 倍，达 5.6~6，且导热性远低于钻石，故仍可用仪器准确地将其与钻石区分开来。

钻石的保养方法

常用的钻石保养方法有如下几种：

清洁液洗净法 用一个小碗或茶杯盛装温水，在水中调好适量的中性清洁剂。将钻石浸在水中，用牙刷轻轻刷洗，再用一个网筛兜住，在水龙头下用温水冲洗。最后用一条柔软的无棉绒布拭干即可。

冷水浸法 用一个小碗或茶杯，将钻石浸在水中约 30 分钟，然后用一个小刷子，在钻石前后左右轻轻刷洗，再在水中挥动一会，拿出来用纸巾拭干即可。

快速清洗法 购买一瓶名牌的珠宝清洁液，连同附赠的容器，按照说明洗涤钻石。

宝石的分类

宝石通常根据其珍贵性可分为三种：高档宝石、中档宝石、低档宝石。

高档宝石 包括钻石、红宝、蓝宝、祖母绿、金绿猫眼、变石、高档珍珠 7 种。其中钻石、红宝、蓝宝、祖母绿被西方国家称为名贵宝石。钻石是珠宝之王。

中档宝石 包括海蓝宝石、碧玺、锆石、尖晶石等，较为常见。品级一般珍珠、翡翠、欧泊也被列为中档宝石。

低档宝石 包括松石、黄玉、紫晶、橄榄石、黄晶、青金等品种。

蓝宝石的鉴定

蓝宝石最大的特点是颜色不均，可见平行六方柱面排列的，深浅不同的平直色带和生长纹。聚片双晶发育，常见百叶窗式双晶纹。裂理多沿双晶面裂开。二色性强，世界不同产地的蓝宝石除上述共同的特点之外，亦因产地不同各具特色。依据地质成因不同，可分两类：一类是缅甸、斯里兰卡和印度克什米尔产的蓝宝石；另一类是澳大利亚、泰国、中国产的蓝宝石。缅甸等地产的蓝宝石，因含钛致色，故呈鲜艳的蓝色，含绢丝状金红石和指纹状液态包裹体。绢丝状金红石包裹体可产生六射或十二射星光，属优质宝石品种。澳大利亚、泰国、中国产的蓝宝石因其中含有较多的铁，由铁致色，故宝石颜色很暗，刻面宝石反光效果亦不太好，一般均需经过加热改以处理才能使用。不同产地蓝宝石的特征如下：

印度克什米尔蓝宝石 颜色呈矢车菊的蓝色，也就是微带紫的靛蓝色。颜色的明度大，色鲜艳。有雾状的包裹体的具乳白色反光效应。属优质的蓝宝石品种。但由于矿区位于喜马拉雅山脉的西北端，海拔 5000 多米，终年被雾笼罩，近几年没有产出。

缅甸抹谷蓝宝石 和红宝石产在同一矿区，除颜色不同外，其他特点完全相同。它的包体如下：绢丝状金红石包体，平行六方柱面密集排列，成 60 度、120 度交叉。如果垂直绢丝状包体切割，琢磨成弧面宝石后可呈现六射或十二射星光；指纹状液体包体的包体空隙中的气泡所占面积较小，约 30% 左右；固态包体，常见有刚玉、尖晶石、铀烧绿石、磷灰石等。

斯里兰卡蓝宝石 和红宝石同属一个矿区，除颜色不同外，其他特点完全相同。其包体如下：绢丝状包体，与缅甸蓝宝石特点相似，区别在于纤维细而长，可呈现六射星光；液体包体，呈不定形层状属布或呈指纹状展布；固态包体，有锆石、磷灰石、黑云母等。

泰国蓝宝石　呈带黑的蓝色、淡灰蓝色。晶体中没有绢丝状包体，但指纹状液态包裹体发育。最特征的是黑色固态包体周围有呈荷叶状展布的裂纹。三组聚片双晶发育，裂理沿双晶面裂开。

澳大利亚蓝宝石　澳大利亚是产量丰富的蓝宝石产地。但由于铁的含量高，宝石颜色暗。多呈近于炭黑的深蓝色、黄色、绿色或褐色。含尘埃状包体。其宝石特点与泰国、中国相同，均需改色后才能使用。

中国蓝宝石　20 世纪 80 年代在中国东部沿海一带的玄武岩中，相继发现了许多蓝宝石矿床。其中以山东（昌乐）蓝宝石质量最佳。晶体呈六方桶状，粒径较大，一般在 1 厘米以上，最大的可达数千克拉。蓝宝石因含铁量高，多呈近于炭黑色的靛蓝色、蓝色、绿色和黄色。以靛蓝色为主。宝石级蓝宝石中包裹体极少，除见黑色固态包体之外，尚可见指纹状包体。没有绢丝状金红石及弥漫状液体包体。蓝宝石中平直色带明显，聚片双晶不发育。大的晶体外缘可见平行六方柱面的生长线。山东蓝宝石因内部缺陷少，属优质蓝宝石。

黑龙江省蓝宝石　颜色鲜艳，呈透明的蓝色、淡蓝色、灰蓝色、淡绿色、玫瑰红色等，不含或少含包体，不经改色即可应用。不足之处是颗粒细小。

海南岛和福建产的蓝宝石　特点相似，一般粒径小于 5 毫米的晶体，色美透明，除含极少的气液包体和平直的简单双晶纹之外，很少含其他缺陷。但颗粒大于 5 毫米晶体的外缘，均不同程度的含有一层乳白色、不透明、平行六方柱面的环带。晶体中平行菱面体的三组聚片双晶发育。晶体中还有较多的聚隙和蚕籽状金红石包体。

江苏省蓝宝石　色美透明，多呈蓝色、淡蓝色、绿色。但在喷出地表时，火山的喷发力较强，故蓝宝石晶体常沿轴面裂开，呈薄板状，故取料较难。

红宝石的鉴定

在自然界中有很多红色的宝石容易与红宝石相互混淆，可以从以下几个方面进行区分：

与红色石榴石的区别 石榴石为均质体，无多色性，而红宝石多色性明显。紫外灯下，红宝石有红色荧光，而石榴石表现为惰性。放大检查时，石榴石内部较洁净，红宝石内气液包体和固态包体丰富。

与红色尖晶石的区别 尖晶石为均质体，无多色性，折光率1.72。红宝石折光率1.76~1.77，折射率相对红宝石低。

与红色电气石的区别 电气石具有更明显的多色性，刻面宝石在合适方向可见刻面棱重影。

与合成红宝石的区别 人造红宝石一般来讲比较干净，晶体内没有杂质和裂纹，仔细观察内部可见弧形生长纹，颜色特别均匀。

与红色玻璃的区别 放大检查红玻璃内可见气泡、旋涡纹等现象，具有典型的贝壳状断口。玻璃密度小，手掂有轻感。

祖母绿的鉴定

“祖母绿”这一名称起源于古波斯语“Zumurud”，原意为“绿色之石”，古希腊人称其为“发光的宝石”。祖母绿的化学名称是铍铝硅酸盐（$Be_3AL_2Si_6O_{18}$），属绿柱石家族，属六方晶系。祖母绿的折光率为1.564~1.602，较之钻石光泽度有所不如，多色性不明显，非均质体，也比钻石、蓝宝石与红宝石所包含的杂质要多。但因含微量的铬元素而呈现出晶莹艳美的翠绿色，具有其余名贵宝石所没有的玻璃光泽。

颜色 真祖母绿的颜色只有黄绿与蓝绿两种，光彩柔和鲜亮，呈现丝绒草坪状的色彩层次。以绿色带蓝的颜色为佳，绿色带灰者质量较差。

平滑度 由于长期在地质结构复杂的区域被研磨侵蚀，天然祖母绿表面都有裂痕与杂质，还常常粘连着石灰质外壳。如外表一概平整光润，很可能是合成产品。

透明度 以清澈明亮、晶莹通透者为佳品，半透明者属普通品。

纯净度 祖母绿的内部常有一些内含物（包体）的存在，如纯净者，为罕见的上品，而价格低的祖母绿主要是因其净度不好。

切工 规范的切工称为祖母绿型，能够把宝石的光泽完全彻底地反射出来。

重量 一般祖母绿的晶体不大，经切磨后，质量极优、重量在2克拉以上者，已属罕见，如重量在5克拉以上更是难得的珍品了。

琥珀真伪的鉴定

琥珀可分为透明、半透明及不透明的，其颜色以褐色、血红、金萤及绿色最为时尚。随着琥珀艺术品市场的不断升温，琥珀也出现了许多赝品和仿品。各类人工制品和仿冒琥珀大量出现，而人工制品和仿冒琥珀装饰品的价格一般都只有几元到几十元。那么，如何有效鉴别琥珀真伪呢？

1.**眼睛观察法** 琥珀的自然形状多呈块状、饼状、肾状、瘤状、拉长的水滴状和其他不规则形状。真正的琥珀给人的印象轻柔、温暖，散发着光泽；而很多合成品给人冷的感觉。琥珀在形成过程中必须要经历一些使它不完美的过程，最终往往带有气泡、残片、裂纹。如果一条琥珀项链的每个珠子都非常相似且透明，或者琥珀内含的昆虫很完整，那就很可疑。琥珀中一般会有漂亮的荷叶鳞片，从不同角度看它都有不同的感觉。假琥珀透明度一般不高，鳞片发出死光，不同角度观察都是差不多的景象，缺少琥珀的灵气。假琥珀中鳞片和花纹多为注入，所以大多一样，市面上最常见的是红鳞片。

2. **手感鉴别法** 琥珀属于中性宝石，用手摸起来，一般情况都不会过冷过热。而用玻璃仿制的会有冷的感觉。

3. **紫外线照射法** 将琥珀放到验钞机下，它上面会有荧光，呈现淡绿、绿色、蓝色、白色等。而塑料琥珀则不会变色。

4. **盐水测试法** 将盐和水以1∶4的比例调配，真品则会浮于水中，赝品会下沉。

5. **热针测试法** 用以烧红的热针在鉴定物上扎一个小孔，热针碰触到琥珀时针不会粘住，而合成的塑胶品则会局部的溶化而粘住针头。

6. **切割测试法** 用刀片轻割，琥珀会形成粉末状，以同样的方法遇到塑胶仿制品不是难以切割就是切出卷曲的薄片或者带状的细屑。

7. **乙醚测试法** 用以分辨琥珀分柯巴脂的最佳方式，可利用指甲油（含乙醚成分）的去光水，测试表面，如为柯巴脂则会腐蚀，琥珀则不会留下痕迹。

8. **香味测试法** 琥珀是世界上唯一含有香味及特别丰富内含物的宝石。燃烧或用力摩擦波罗的海琥珀表面，可闻到淡淡的松香味，如为多米尼加琥珀，则可闻到淡淡的豆科植物香味，而人工合成品常加入檀香或其他香料。

珍珠的鉴别方法

齿磨法 代用珍珠的面较为光滑，如果用牙齿轻磨，则会感觉滑溜，而天然珍珠的表皮是一层层的碳酸钙覆盖而成，用牙齿磨就有沙沙感，但这种方法会因牙齿会损伤珍珠表面。

眼观法 用肉眼或10倍放大镜观察，可看出代用珍珠表面的光滑，而珍珠都有微许的不规则或瑕疵，且代用珍珠是一批塑料原料压模制成，每颗相当整齐。但珍珠的表面就不相同，体色或光彩都有少许的不同。

称重法 海水珍珠的比重在2.54~2.78之间，淡水珍珠在1.77~1.86之间，而代用珍珠材质是塑料，比重为0.95，因此，用手称看时，可感觉出代用珍珠较轻，而珍珠较重。

察孔法 珍珠质较硬，在钻孔处，则显出锐利，代用珍珠质较软，钻孔处呈现凹陷之情形。

染色黑珍珠的鉴别

颜色 黑珍珠有淡灰色到黑色不同色调的颜色，而它的美丽在于神色基调上的伴彩。将黑珍珠慢慢转动，可以看到轻微彩虹般的闪光不断变幻，没有两颗珍珠是完全相同的。如果见到一串（即便几颗）漆黑颜色一致均匀，晕彩浓艳的黑色珍珠，几乎可以肯定那是染色珠。染色珠颜色呆滞，且在钻孔和瑕疵的地方聚集的黑色较深。这在10倍放大镜下容易观察到。

形状 精圆的黑珍珠极其罕见，价值也很高。典型的黑珍珠有扁圆形、梨形、椭圆形、不规则形，许多带有瑕疵或环圈，如果见到的“超值黑珍珠”是皮光肉滑而又非常“圆”美的话，它极有可能是染色的。

大小 中国或日本的海水珠直径通常不超过9毫米，而黑珍珠的直径最小也要8~9毫米，所以小于8毫米的圆形黑珍珠，多半是染色珠。

价格 一颗8毫米的圆形黑珍珠价钱在千元以上，同样大小的染色珍珠只值一二百元。假如幸运地用相宜的价钱买到黑珍珠，一定要求商人在收据上注明珍珠的颜色是天然的。

珍珠染色的常用手段有以下几种：

银盐处理 将珍珠放入硝酸盐和稀阿摩尼亚溶液中浸泡，然后在强光或硫化氢气体中还原，使珍珠的颜色成黑色。

射线辐照 将珍珠放在钴源伽马射线下照射而成黑色。

用染色珠核 将珠核染黑后植入珍珠贝中，当珍珠形成后，那黑色的珠核令表面半透明的珍珠质看来都变黑色。

薄膜涂面 将一层很薄的黑色胶质涂在珍珠的表面。

如果想购买价值昂贵的黑珍珠，而以上鉴别方法仍不放心的话，可拿去珠宝鉴定单位用仪器做个确切的鉴证：

紫外光荧光测试 在紫外光照射下，黑珍珠常有荧光，颜色由鲜红至咖啡红色不等，但染色珍珠对紫外光大都没有反应或呈现出呆淡的绿色荧光。

X光测试 X光照射出的影片，能将用银盐处理的染色珍珠显示出来，染色珠子的珍珠质与珠核之间呈现一圈浅白色，证明其染色成分。

X光荧光测试 珍珠在X光照射下发出特定波长的辐射，用光谱测量仪量波长的度数，可以侦测出化学成分和银盐的存在。红外线摄影测试——用红外线胶卷将珍珠拍摄下来，黑珍珠的影像呈浅蓝色，但用银盐处理的染色珍珠的影像呈现黄色或绿蓝至黄绿的颜色。

以上方法均不会使珍珠受到损害。

天然水晶的识别

时尚的收藏爱好者喜欢收藏天然水晶，却常常因为在市场上面对大量的合成水晶看走了眼。为了能称心如意地买到物有所值的天然水晶，我们可以从成色方面了解合成水晶与天然水晶的三个不同的细节：

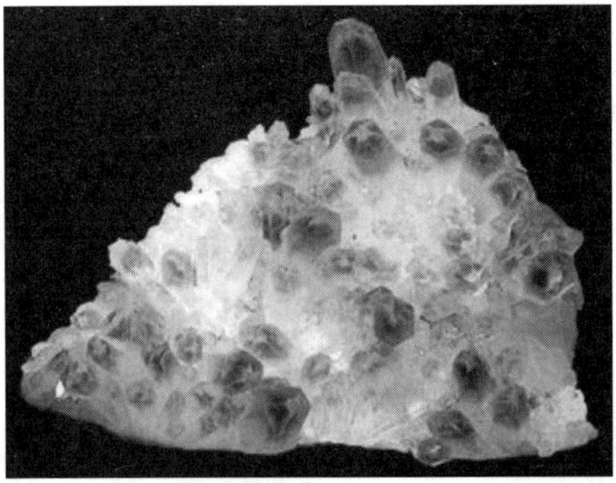

天然水晶

1. 紫晶的色团与色片 在合成紫晶中，常有一些定向性较好的深紫色片，很容易让人联想到天然紫晶中不规则片状色团的特征。两者最大的区别是合成紫晶中的深紫色色团呈近平行的片状定向排列，大小形态差别不大，界线明显。而天然紫晶的色团是随意的不规则状，色调有深浅变化，而且界线是渐变的。若将合成紫晶中的深紫色片比喻成漂浮的“紫布片”，则天然紫晶中的紫色团可看成是漂浮的“紫烟团”。

2. **六边形色带与平行色带** 天然紫晶还有一个特征，就是有像蓝宝石一样的六边形色带。而合成绿色水晶中的色常常呈平行色带，并沿水晶核壁一层一层平行发育。有一种合成绿水晶项链，黄色和绿色相间出现，很像天然水晶的色带，加之内部有一些褐色半透明固体杂质，极易误认为是天然绿水晶，但合成水晶形成的色带是沿水晶核壁平行分布，制成的项链整串晶色带变化一致，每一粒的色带宽窄色变相同，给人一种过分步调一致而不自然的感觉。

3. **包裹体和绵与晶莹剔透** 在天然水晶中，常有包裹体和绵，而合成水晶晶莹剔透，个别则有气泡或固体杂质。近来一些合成水晶内常有一些三角形长管状气孔，在这些气孔中有绿色或红色粉状物。这种长管的特点是沿一个方向平行排列，断面为三角形，里面常有不均匀的绿色或红色粉状物沿壁分布，中间往往是空的，长管端头有变尖的趋势。而真正的天然水晶是含阳起石、金红石等矿物的晶体，这些矿物各有其晶形。它们被包在水晶中，无方向性随意排列，粗细长短各异，并常伴有天然水晶所固有的包裹体和绵等。

水晶藏品的保养

水晶性脆，注意防重压、防摔、防高温、防强碱、强酸。移动水晶时，最好戴上柔软的棉质手套，避免手上的油渍污染收藏品。提起水晶物品时，不要抓着水晶摆件的顶部或外延部位，应抓紧水晶的底座或整个身体。发现水晶藏品上有灰尘，切勿使用羽毛刷子，而要以轻软而不含绒毛的布料轻拂除尘，不要用力拂拭，以免磨破水晶。

水晶酒杯要保持晶莹剔透，就要经常清洗。清洗时，不要把它们突然浸泡在高温或低温的水中。不要把洗好的平底水晶杯叠在一起，以避免受压而破裂。水洗水晶酒杯时，既不能用机器洗，也不能用清洁布擦洗，手清洗是最好的方法。注意不要抓住酒杯的脚柄去甩干或清洗，因为柄柱容易在用力地情况下造成断裂。

用久了的水晶插花瓶，内壁总是会附上一层难看水垢，影响水晶器皿的美观。这时候若用微酸性的醋水混合液进行清洗就能有效地去除水垢。因此在清洁水晶时，可将它放在盐水中（海盐、精盐）浸泡 24 小时，然后用清水洗净，用干净棉布擦干即可；也可将水晶放在海水中浸泡 40 分钟即可；若体积较小者亦可放在紫晶洞里面，亦可达到净化、消磁等功能。如果要清除水晶烛台的遗蜡，可用温水浸泡 3 分钟，切忌使用热水。然后用牙签小心清除遗蜡，再以温水冲洗，最后用一块轻软而不含绒毛的布擦拭。

有油渍或手印留在水晶器皿上时，可以用微温的肥皂水洗涤，再用清水冲干净。要避免重复在热水或清洁济中清洗。有切割的水晶摆件，切割的部分可用牙刷轻轻清洗，如果有不易洗掉的污点，可以把柠檬切开抹些盐，轻轻擦洗。也可用几滴加盐的醋来擦。

在储放水晶杯时，事先在搁架上铺上垫布，并将每一只水晶杯以底朝天的方式一一放好。把水晶藏品放在密封的玻璃柜或陈列箱内，以减少水晶表面积聚尘埃的机会，也可减少人手接触，避免造成破坏。不要让收藏品靠得太近，否则碰到其中一件时，其他也会因骨牌效应而倾倒。确保饰柜稳固可靠，不易动摇。把水晶放在镜子旁，让光线折射到水晶表面，避免把水晶放在挂画的或其他物品下方，比如晃动的窗帘容易把水晶摆件撞倒而摔坏。

如果要长时间存放水晶藏品，不要使用发泡胶纸或塑料袋。这类包装袋会增加温度，对水晶造成损害。同时，千万不要把水晶存放在阁楼或地窖，以免它们置身于恶劣的环境中。紫晶首饰要尽量避免强光照射，否则，会影响其色彩靓丽。

瓷器铜器篇

一、瓷器的收藏

古瓷的收藏与辨伪

初涉瓷器收藏如何着手

对于初涉收瓷器藏者，应该从什么品种入手呢？从青花瓷器来说，如果是在地摊，除去99%的仿品，能见到的基本上已经是光绪、民国的东西。在一般的古玩店里，道光至民国的青花东西还比较多，价格在几十到几百不等。而清朝老三代康熙、雍正、乾隆的东西基本上见不到了，即使有，一件非常普通的盘或罐价格都已在千元以上，而且一般多多少少都有毛病。如果是完美品，价格都要上万了。

粉彩瓷器古玩市场上同治以下的比较多一些，价格也在几十到几百之间。道光以上的粉彩市面上基本很难看见。老三代的粉彩五彩等彩瓷更只能到拍卖会上去找了。

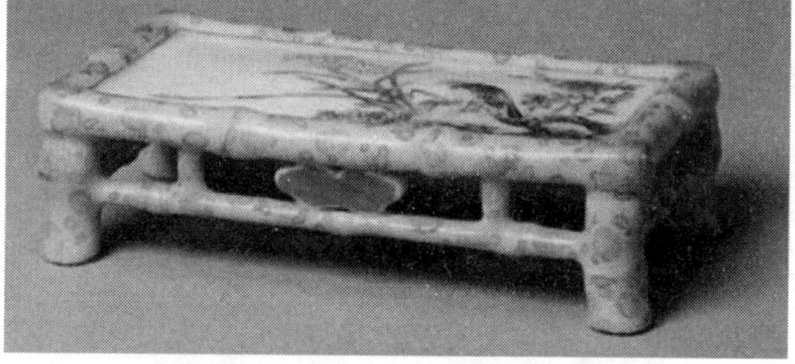

清乾隆　仿斑竹五彩花鸟纹墨床

民国的粉彩瓷器市场上也还比较多，价格也是在几十到几百之间。但即使价格不高，地摊上也出现了仿品。

最近出现的新宠是晚清到民国的浅绛彩，价格飞涨，一些名家的作品价格已经超过清老三代的青花东西。

其他的瓷器品种，如五彩、素三彩、斗彩、釉里红等，基本上是收藏高手玩的东西，入门者暂时不要去碰，能遇见的机会也不多。万一在市场上看见，千万不要动心，更不能动手。而至于官窑和元青花，宋代五大名窑的东西，入门者暂时想也不用去想，因为那些东西，即使是高手能见到的机会多数也是在博物馆里。

仿南宋官窑青瓷

初入门时要多少收几件初级阶段的普通瓷器做样板。几十元，几百元的晚清民国的青花，粉彩品种都要接触一些。虽然没有什么升值空间，但做样板比对，可以让你今后少花冤枉钱。而一些晚清民国的完整东西因为追逐的人少，也还是有一定的升值空间的。只有对老东西有了初步的感觉，才有可能步入更深的收藏领域。

刚入门者不要逛地摊或市场，宁愿多花些钱到文物商店购买。而现在收藏者的乐园应该是在网上，因为不收费，许多老藏家都在转让一些自己早期收藏初级阶段的藏品，价格也非常便宜。相对于市场，网上购物可靠很多，吃不准可以来鉴定，即使不对，不满意还可以退货。

瓷器收藏重在“古、稀、美、俏”

初入瓷器收藏领域者，除了注意辨别真伪外，还要把握好几个尺度。

第一要古　古瓷、古董贵在一个“古”字。古瓷器属于传统收藏，或称古玩（现代收藏称现玩）、古董。远古的器物是历史文物，加之瓷器的保存不如金玉、铜石等物容易，越古越少，越古越贵。改革开放以来，大规模的基础建设和荒山野岭的开发利用，使不少古瓷器出土重见天日，这便为古瓷宝库增添了不少瑰宝，也为收藏者提供了机会。

第二要稀 物以稀为贵。如宋代汝瓷，便因其稀有而倍加珍贵，尤其是御用汝瓷。据有关资料统计，从北宋晚期至今传世的御用汝瓷总数不超过百件，且分别珍藏于故宫博物院、上海博物馆及各地、各国博物馆和少数收藏家手中，故有了“纵有家产万贯，不如汝瓷一件”的说法。目前市面上，一块带有芝麻钉的汝瓷残片已达数千元，如果是一件完好无缺的汝瓷器，那将达到数万、上百万元甚至更高的价位。国内外古瓷收藏界，均以宋代“汝、钧、官、哥、定”五大名窑作品为热点，其次要数元代青花彩瓷了。而唐代青花（唐青花是由白瓷与三彩孕育而生，唐代白瓷成熟的烧制工艺，使三彩器与唐青花以其洁白的衬底映照出艳丽的色彩效果）因其存世数量极少而难得，故唐青花瓷从其历史价值、科学价值、艺术价值上讲，均具有相当高的收藏价值。

第三要美 在宋代五大名窑中，只有定窑烧制白瓷，而汝、官、哥、钧都是以青釉取胜。然而，定瓷精品之所以珍贵，倒不仅仅在于其如雪似银的胎釉，而在于它精美的划花、刻花和印花的纹饰。而汝瓷的精美，可谓宋代瓷艺百花苑中一朵奇葩。它的造型，既注重古朴典雅，又追求造型美丽，把造型艺术之秀美，釉色高雅素净之风尚以及装饰艺术之风格融为一体，把东方美学特有的艺术神韵展现得淋漓尽致。元代青花和清代彩釉瓷器，也都是以精美而闻名，虽然在民间有一定的藏量，但价格也都不菲。如北京中拍国际拍卖有限公司 2007 年迎春大型拍卖会，一个元代青花“云龙纹玉壶春瓶”以 88 万元人民币成交。

第四要俏 要注重收藏市场需求量大、行情看涨的古瓷。这种“俏”货价格攀升潜力大。约 10 年前，清三代官窑瓷器在拍卖会上的成交价才几千、几万元。由于市场需求量不断增大，现

元青花“鬼谷子下山图”罐

在的官窑瓷器已达几十万、几百万，甚至几千万了。另外，国内古瓷的拍卖价近年来虽然不断升高，但与国际拍卖价相比还是较低的，后者往往高出几倍甚至十几倍。因此，古瓷的市场前景看好，升值潜力仍较大。如北京中嘉国际拍卖有限公司2006年秋季北京拍卖会上，一件元代青花“五龙罐”估价300万元至500万元人民币。而在2005年7月12日伦敦佳士德举行的“中国陶瓷工艺精品及外销工艺品”拍卖会上，一件款式样品与“五龙罐”差不多的元代青花“鬼谷子下山”罐则以1568.8万英镑（折合人民币2.3亿元）成交，创下中国陶瓷艺术品拍卖纪录。

鉴定古瓷的方法

看造型 不同时代、不同地区有不同的制作工艺、生活习惯和审美标准，因此生产的瓷器有不同的造型特点。为鉴定工作提供了依据。除了掌握各时代、各地区瓷器的造型特点以外，还要观察其造型的方法，对器物的口沿、腹部、底足、耳、流、柄、系等都要细致观察，总结出规律。

看胎釉 由于胎釉成分和烧造条件的不同，烧造的器物质地、胎色、釉色各不相同，成为鉴定的重要依据，鉴别胎色、胎质主要是观察底、口和器身缩釉露胎处的颜色和质地，注意其特征。鉴定釉质则要注意观察釉色、光泽以及气泡的疏密等特征。

看工艺 器物成型工艺不同，烧造方法不同，烧成温度和燃料不同会在器物上留下不同的特征；这些特征，也应特别注意。

看纹饰 每个时代、地区的器物纹饰，都有不同的风格和特点，其不同主要表现在花纹题材、装饰手法、装饰部位等，这些都反映了当时当地人们艺术欣赏、生活习俗、制作技术等的不同，成为鉴定时参考的重要因素。

看彩料 带釉彩的瓷器，各时期、各瓷址往往各具特色。由于所用彩料成分不同、配制方法不同、烧制条件不同，因而彩料的呈色也有区别，有些区别是十分细微的，要仔细观察才会发现。

看底足 因各时期的烧制工艺不同，在烧制时支撑的方式方法也不同，这使得陶瓷器皿的底足部位有着明显的差异，底足因为有支撑物，凹凸点不同，有的上釉、有的无釉彩。这些都是鉴别瓷器时代的重要特征。

看款识 款识也叫年款。在一些瓷器的器皿底中央、器皿中部或口缘等部位，刻、划、印、书写着某某皇帝的年号等，有“官窑”款、“民窑”款之分。这些款识表示某个朝代生产的器物，不同朝代使用的颜料不同，其成色也不一样。不同时期的款识，有不同的文字内容、书体、笔法、结构、书写位置、字数等。对一些款识笔法的细致之处，如横、竖、撇、捺、勾、挑、点、折等特征，要认真体会和对比，才能看出真伪。

总之，必须对瓷器上各个方面的风格和特点都了解，才能找出鉴定古代瓷器的依据。但是，我们鉴定古代瓷器时不能孤立地去观察某一方面的特征就妄断真伪，必须综合造型、胎质、胎色、釉彩、工艺、釉色、款识等方面进行综合的鉴定。

瓷器款识真伪的鉴定

仿款，就是在当代所制的瓷器上，仿写前代的款识。有些仿款并不一定是存心作假，而是因羡慕前代著名瓷器或其他原因。如清初的康熙、雍正两朝曾有过仿写前代款识的旨意。仿款由明

正德年间开其先河，以后无论官窑民窑，仿者越来越多。入清以后，制瓷技术迅速提高，为仿古瓷创造了有利条件，加之当时统治者嗜古成癖，使仿古之风更加盛行。

要分辨仿款和真款，必须仔细观察款识的风格、笔法、字体、位置、款色和字数、结构，并结合器物的造型、胎质、釉色、装饰等方面互相印证，认真推敲。

辨伪，首先可以从研究各代款识不同风格入手，将真假款识相互对照，结合实物，反复审度其款字的书写笔法、字体结构、排列形式、落款的部位。另外，也应当注意总结同一时期早中晚期款识不尽相同的变化规律。

其次，注意款识的用料和颜色。以青花写款为例：元代和明初的颜色深厚下沉，有黑色结晶斑点和凝而不舒的现象；尤其宣德时，蓝色中有黑、灰等色夹杂其中。成化款则舒展清晰，蓝色优美；嘉靖是青中泛紫，十分浓艳；万历以后色调匀净，但发色不深，清初作品也大抵如此。康熙款色调明快，幽倩艳丽；道光以后则蓝色涣散，浅淡上浮。

各时期陶瓷鉴定要点

古陶瓷的鉴定可根据各时期陶瓷的胎质、釉色特点来判断。

距今4000年前的商周时代的青釉瓷器，又称原始青瓷，是青瓷的低级阶段。其胎为灰白色和灰褐色，胎质坚硬，瓷化程度较高；其釉色青，釉层较薄，厚薄不均。这是因为当时采用沥釉方法进行施釉的缘故。

五代时的釉色为天青色。据传说，五代后周柴世宗指雨过天晴的天空，对向他请示御用瓷釉色的官员说：“雨过天青云破处，这般颜色作将来。”所以，五代的瓷釉便被钦定为天青色。这种釉釉色莹润，施釉较薄，青中闪着淡淡的蓝色。

宋代龙泉窑的梅子青釉。这是宋代龙泉的最佳色，是青釉中的代表作。其色可与高级翡翠媲美。釉层较厚，釉面光亮，玻化程度高，釉面不开纹片，质莹如玉，其色近似梅树中生长着的“梅子”。

明代永乐、宣德、清代康熙的江西瓷器的胎釉各具特色。永乐时期白釉最负盛名，釉质肥厚，润如堆脂，纯白似玉，釉面光净晶莹，胎色纯白，胎质细腻，并且有厚薄不均现象。如在强光下透视可以看到胎釉呈一种粉红、肉红或虾红色的倾向。这一特征，是其他瓷器中所没有的。

明代宣德年间，与明永乐年间时间虽近，但瓷胎釉色却迥然不同。同一器皿，永乐胎厚，宣德胎薄。宣德时大件琢器底部多无釉，露胎处常有红色点，俗称“火石红斑”，还有铁锈斑点。清康熙、雍正时的仿宣德瓷器则无此特征。

清代康熙时瓷器的胎釉，胎色细白，胎质纯净，细腻坚硬，与各朝代的同一器皿相比，它的胎体最重。此外，这一时期的同一件器，往往施两种白釉，器内、口缘、器外底施粉白釉，其釉较稀薄，往往见有小缩釉现象，底部还现有坯胎中旋纹痕迹。器身施亮青釉，其釉莹润光亮，胎釉结合极坚密。一件器皿施两种釉，是清代康熙年间生产的瓷器的最大特点。掌握好各朝陶瓷瓷胎、色釉的主要特点，是鉴别古陶瓷的年代和窑口的可靠依据。

古瓷作伪的三种手法

古瓷作伪古已有之，但现代却达到了登峰造极的地步，甚至用上了电脑配方、写款，还有的用古代瓷土烧制高仿瓷，甚至能够骗过专家和大博物馆。

作伪手法有以下三类：

一是臆造型，特点是无形无神　作伪者常常东拼西凑、张冠李戴，造型有唐宋特点，人物是明代形象，衣服又是清代的，款识也很罕见。这种用来行骗时，常说这件东西极罕见，博物馆也没有，谅你也看不懂。

二是模拟型，特点是有形无神　这类仿品是按图录做的，形象极为逼真，尺寸大小都一致。这种用来骗老想捡漏的人，让他们觉得花小钱买了好东西。但这类仿品底足不过关（图录往往没有底足照片），而且釉的色彩和厚度也有破绽。

三是复制型，有形有神，有时专家也会看走眼 这种伪品就是按原件复制的，例如有人从拍卖会上拍到真品，再来复制赝品。做伪时利用画家、工艺美术师和研究者合作，再经过专门做旧工序，因此几乎可以乱真。它的破绽在于分量的轻重与真品不同，做旧的痕迹能被专家辨认出来。

收藏古瓷三不要

古瓷器是中国历史文化的重要组成部分，有很高的艺术收藏价值，爱好者甚多。可火爆的市场、高额的利润，致使大量的仿品流入市场。赝品越仿越真，档次越仿越高，做旧手法越做越到家，搞得一些专家们也真伪难辨。那么，怎样才能提高自身的鉴赏能力，避免收藏一些假古瓷呢？这就需要注意：

一不要总想从旧货古玩市场买到珍稀名瓷 珍贵古瓷相当少，很早以前便受到人们的珍视，如官窑、汝窑、哥窑这些珍品瓷器，目前国内外的存世量几乎都有数可查，因其十分珍贵，即使皇家也不易得之。如元青花瓷在元代烧造较少，当时烧制元青花用进口青料，成本是很昂贵的，民间能用得起这种高档瓷器的为数甚少，主要是祭祀用器，因此遗存极少。但元青花在 20 世纪 30 年代被发现认识以来，声名远播，人人皆知其珍稀名贵，即便地摊小贩亦知其贵重。若能轻易廉价买到元青花，实属可疑，当慎之又慎。

二不要受古瓷鉴定理论书的误导 收藏者往往依照古瓷鉴定理论书中的特征，按图索骥，往赝品上凑。目前，有些理论专著是研究我国瓷器艺术成就和历史的，书中的论述对象往往选择最能代表当时成就的名品。这方面的资料比较多，仿伪者往往依据这些资料描述的特征和图片进行仿制。在民间收藏活动中，一辈子也难碰上一件珍品，所以这些书籍只能帮助我们了解历史上各时期的制瓷成就和代表名品，于实际收藏活动的指导意义并不太大。但是，市面上的仿品却有很多特征与书本上相符，如果按图索骥，便最容易上当。再有一种情形便是一些作者迎合兴起的收藏热，编辑出版一些指导购藏的图录，常常为了给书本增色，便不惜抄录一些根本不可能在民间流传或世上交易的珍品图片，随意地标上参考价格，使购买者产生这些珍品曾在市面上出现而被廉价购走的错觉。

三不要把收藏定位放得太高 对所处地区正常可能收藏的瓷器品种缺乏认识，不从实际出发确定收藏品位，这是许多爱好者的通病。对那些有收藏价值又有条件买到的古瓷不屑一顾，只想买那些没有可能出现的珍品瓷器，正好跌入制售赝品者的圈套。这种不切合实际的收藏定位观，主观上便拉开了接触珍品的距离。

总之，收藏者要多与同好收藏的人士交流切磋心得体会，优势互补，共同提高。还应该多看真品，从真品入手再结合书本知识，才能形成经验。只有在收藏中学习鉴赏，鉴赏中指导收藏，循序渐进，才能逐步提高。

各个时期古瓷的鉴别

隋代青瓷的鉴别方法

隋代青瓷突出的特点表现有三：

1. 和三国两晋南北朝相比，隋代青瓷广泛吸收其他工艺品的优点和艺术成就，使瓷器的造型和装饰更加丰富多彩。常见的器物有碗、盘、杯、钵、盂、壶、坛、盆、缸、盒、枕、炉、博山炉、烛台、唾盂、砚台、水盂、腰鼓、棋盘等。此外还有俑类、兽座、凭几、凳、框等模型，以及青瓷权。

2. 隋代青瓷的胎体很坚硬，灰青，颜色比较浅，有的成灰白色。由于工艺水平的提高，南北朝时期青瓷胎体中含粗大沙粒的现象已经减少很多，变得相对细一些。胎体中起泡、窑裂、歪扭变形的现象基本看不到。釉质有的泛灰，有的泛黄，比较凝厚，有流釉现象，一般器物施釉前上化妆土，有的不上化妆土，施釉注意盖口、颈、肩和上腹部，中下腹至底露胎，流釉成蜡泪。底的边棱有的用刀轻削一下。较原始青瓷，汉三国两晋南北朝瓷器上的缩釉及麻癞现象减少。四系罐、盘口四系尊一类器物颈肩交接的积釉地方出现美丽的乳浊釉块斑。

3. 隋代青瓷的装饰技法主要刻花、划花、捏塑和印花。花纹有图案类、花卉类和动物类。图案类有弦纹、绳纹、瓦沟纹、席纹、篦纹、联珠纹、直线方块纹、双圈纹、云头纹等。花卉类有忍冬、莲瓣、葵瓣、梅花、宝相花、团花、菊花等。动物类有龙、凤、蟠螭等。捏塑的动物有龙头、鸡头等。隋代青瓷表现时代特点很明显。南北朝时，北方瓷窑体系刚刚建立，作品造型风格雄放粗犷，南方青瓷胎体较薄，比较精巧细致。到隋代工艺融铸南北，既有北方刚劲粗犷的风格，又有南方清秀的特点，而且很讲究线型的阳刚之气。各个地方区域性窑系的特点表现不明显。

关于隋代青瓷器的鉴定，首先是了解隋代青瓷的种类、胎釉及造型特征，准确把它和南北朝、唐代青瓷区分开来。其次，了解假古董的情况，隋代青瓷以前很少有人去仿制，在文物艺术品市场上没有见到假隋瓷。在作假成风的20世纪80年代后期，文物艺术品市场上出现了假隋瓷。主要器物种类有盘口四系尊、席纹执壶、碗、四系罐等类器物。这些假古董做得很像，主要是造型很像，因为隋瓷时代特征明显，器

隋代　青瓷侈口瓶

物种类又只有那么几种，结构比较简单。釉的颜色和质地猛一看很像，都是汉代南北朝以来流行的青釉瓷，呈橄榄色，有的还做出缩釉和麻癞块斑，釉层剥蚀脱离的特征。尤其麻癞块斑和剥蚀掉落釉层具有很大的迷惑性，让人感到这是1300多年岁月侵蚀的结果。那么，该如何来判断其真假？

1. 造型似是而非。隋代青瓷造型饱满，线型结构无论是直线或是弧线都很有力，直线硬挺，弧线富有弹性，如四系罐，肩和上腹部分的弧线弧度大，饱满转折有力，足部和下腹是直线，强壮的四个弧形耳高于口沿，所以形体优美大气，充满阳刚之美。假古董没有这种时代感，线条软弱无力。

2. 器物胎体比较薄，而为了增加手感，下腹、底足做得很厚，没有浑然一体的敦实感。胎的质地根本不像，灰色较重，普通有沙粒的感觉，切削整齐，没有隋瓷从窑里或匣钵取出，敲掉垫饼时出现的自然伤痕。

3. 没有真品青釉的漂亮质感。隋瓷青釉是玻璃釉，比较明亮，缩釉和麻癞现象不多，而假品不透明，灰褐色颜色深。满身从口到底每一个部分都是麻癞斑，让人感到不舒服。普遍用强酸浸泡，釉层虽然不掉，但全器上下釉层被腐蚀，像削掉一层皮，用手抚摩刺手感觉明显，这些就是赝品的特征。

新仿花釉与唐花釉的鉴定方法

1. 唐花釉有黑釉蓝斑、褐釉蓝斑和褐釉酱斑及茶叶末釉蓝白斑等多种釉色，蓝斑均是月白色中混杂蓝色，其蓝色当为钛蓝。新仿者则多为黑釉蓝白斑，其他釉色少见，且白色过白，不是月白色，蓝色则过于蓝艳，当属钴蓝。

2. 新仿者的文化层次较低，造型设计不精巧，仅得貌似，没有一件造型准确达到九成的。故牢记唐代花釉各种造型曲线变化，直接便能断其真伪。

3. 新仿者修坯及修足时刻意模真，或过于精细，或失之呆

唐代　花釉双系罐

板，均有破绽可查。

4. 新仿者多用酸咬旧，细心观察酸咬痕迹，也可断其真仿。但也有用复烧法作旧的，即使用黄土中的石结核物碾成细粉，和泥罩于仿器外表，再入低温窑复烧，所得效果极类出土物，甚至连土浸都有，浮光也一扫而光。这种做旧法是近几年新发明的，藏家要注意观察其状态。记住一点，凡是用这种方法做旧的，土浸均有，而真正的出土物并不一定有土浸。

5. 新仿者使用的釉料均是现代化工原料，现代颜色釉中均可找到范本，而古代所用釉料当为本地区所产矿料。仿制者至今未能找到其矿料，故只能以现代颜色釉代替。现代颜色釉成分单纯，古代矿料成分复杂，反映在釉面上，后者的色斑均是多种呈色的结合体，前者则是纯一的单色。

6. 呆板的蘸釉方法，拘谨的淋釉斑，仔细品味，也与真物那种自然、潇洒的风格有异。

7. 凡真物大块月白或蓝色斑彩釉上均有后期开片，且开片中均混有黑色杂物，新仿者则少有开片。

龙泉窑瓷器的鉴别方法

龙泉青瓷出自浙江龙泉县的大窑村一带，这里是龙泉窑的中心，故而统称为“龙泉窑”。创烧于晚唐五代，到北宋创烧了一种仿越窑风格的青瓷。到南宋龙泉窑青瓷便形成了自己的独特风格，并逐渐形成了以龙泉县为中心、方圆几百里、有窑址百余处的规模巨大、产品在国内外有极大影响的大窑场。南宋末年达到了鼎盛时期，器物造型丰富，釉色纯正，釉层较厚，并成功烧制出了柔和淡雅、色如青玉的粉青釉和色调可与翡翠媲美的梅子青釉。对于龙泉窑瓷器的鉴定，先要对不同时期龙泉窑青瓷的特征牢固掌握。

三国两晋在造型上有很多相似的器物，如五联瓶、罐、水盂、壶等，胎都是淡灰、灰、灰褐色等，但质感不同，釉也同样有质的区别。到南北朝与唐朝时，龙泉窑瓷器本身的特点就开始显著了。到了宋代，龙泉窑青瓷形成了自己独有的风格，最明显的特点是釉色葱翠、釉层透明、玻璃质感强，是浙江青瓷的代表。

后人有将龙泉窑与官窑器混为一谈的，这里所说的官窑器是指南宋时期的官窑，即修内司窑与郊坛下官窑，它们与龙泉窑瓷器是有区别的。龙泉窑属民窑（这指的龙泉是 13 世纪龙泉大窑与溪口两地周围的瓷窑），烧造黑胎厚釉青瓷与白胎厚釉青瓷，往往同窑合烧。受官窑影响，工艺得到提高，胎薄釉厚，釉层如玉，色有粉青、梅子青、豆青等。坚硬，灰黑疏松，施釉厚，釉层透明发亮，有开片，习称“紫口铁足”。而南宋官窑胎没有那么坚硬，胎色不一、有深灰色、沉香色、杏黄色、灰白色等，釉层也不那么发亮，温润如玉，但也是“紫口铁足”。白胎厚釉青瓷也是受南宋官影响，胎略厚，白中带灰，圈足，底露胎处呈朱红色或浅紫色，多数青釉层光洁不开片。釉色有粉青、梅子青等。修内司窑瓷器是按北宋汝窑烧制，受上林湖窑影响。修内司官窑后建郊坛下官窑，与龙泉窑没有直接关系。而南宋龙泉窑没有烧过官窑瓷器，仅是向皇宫烧过精美的贡瓷。

近十几年来，出现很多新烧的仿龙泉窑瓷器，从造型上看都很相似，不同处是胎质与釉色。仿品瓷质细腻，色过白，“支烧”痕仿品仅见足底内有砂圈，而砂圈内色淡不像真品有干草黄之泛红色者，有人工刻意刷上痕迹。釉薄而色淡，玻璃光不温澜。有的纹饰刻画不自然，造型呆板。有的还有意做旧，其手法有厚表面的浮光、用带酸性的溶液浸蚀、粘贴斑伪作出土器、有意致残等，真品与仿品一对比就能看出破绽。

宋代汝窑瓷的鉴别方法

汝窑是我国宋代著名瓷窑之一，因为窑址在现今河南临汝县境内，宋时属汝州，故名。

据考证，汝窑是在北宋继定窑之后为烧制宫廷瓷而建立的，当时烧造的产品，胎骨呈灰色，釉色呈卵青，造型很精美，但因烧造时间很短，产品也不太多，故流传后世较少。

汝窑瓷器甚为珍罕，如果今天能收藏到一件真正的汝窑瓷器，当是价值连城。正因为如此，历代一些受利益驱使的古玩贩子，便千方百计仿造汝窑瓷器，致使在市场上出现鱼目混珠的现象，有时以假乱真的程度，令人几乎难以分辨。汝瓷的基本鉴别方法，从传世品看，主要有以下几点特征：

1. **胎色**　汝瓷胎质细腻，胎土中含有微量铜，迎光照看，微见红色，胎色灰中略带着黄色，俗称“香灰胎”，多见于汝州蟒川严和店、大峪东沟，汝州文庙、清凉寺等窑址；汝州张公巷汝窑器，胎呈灰白色，比其他窑口的胎色稍白，是北宋官窑的主要特征。

宋代　汝窑天青釉六棱瓶

2. **釉色**　真品的釉色青中泛蓝，纯净、温润，釉表隐现出一种柔和含蓄的光泽。它既不同于钧瓷的乳光，也不同于哥窑的脂光，而是一种类似于古玉般内蕴的光泽。釉较薄且平滑均匀地紧贴于胎骨，呈半透明状。借助20倍的放大镜观察可见釉中气泡大而稀疏，犹如镶嵌在明朗夜空中的颗颗明珠，素有“汝器釉泡如晨星”之说，就是指釉泡清晰、疏朗而言的。新仿品的釉色青中闪黄绿色，施釉厚而不匀，乳浊而不透明，由于也加入了玛瑙石的粉末，所以釉表光泽很润，但不够清爽，有一种油腻的感觉。借助放大镜观察釉中的气泡相互叠压，连成一片，像是密集堆积起来的肥皂泡。

3. **支钉**　宋代宫廷用汝窑器物一般均采用满釉支烧，为了避免窑炉内杂质的污染，需用匣钵装好，并将器物用垫圈和支钉垫起，防止与匣钵粘连。高濂的《遵生八笺》说汝窑“底有芝麻细小挣针”。在器物底部可见细如芝麻状的支钉痕三、五、七个，六个支钉的很少，痕迹很浅，大小如粟米。张公巷的器物呈圆形支钉。蟒川严和店、大峪东沟一带汝窑器多无支钉痕，个别碗、套盒、凹足钵、洗、器盖等用垫饼支烧工艺。

4. **纹片**　真品的纹片是“蟹爪纹”。美妙异常，在开裂程度较深的碎纹中，交错掺杂着许多无色透明的短线纹，较深的纹片是浅赭色的，较浅的短线是无色的，两者交织叠错，迎光观察时发现所有的纹片都是斜茬的，像是银光闪闪的片片鱼鳞，给人以排列有序的层次感。纹片的形成，开始时是器物于高温焙烧下产生的一种釉表缺陷，行话叫“崩釉”。汝窑的艺术匠师将这种难以控制的、千变万化的釉病通过人为地操作转换为一种自然美妙的装饰，而且控制在这种恰到好处的程度上，的确是巧夺天工的一手绝活。新仿品纹片大小不一，很淡、很浅，基本上是无色透明的，毫无规律可循。

5. **器型**　汝窑器有瓶、尊、盏托、碗、盘、洗、奁、水仙盆等日用器，少数还有堆花、印花等装饰，底部更有青花年号款，多是用刀笔刻画，和印花、模印等工艺。如天青花草纹鹅颈瓶、粉青履莲盏托、天青莲花瓣深腹盂、天青牡丹花龙纹钵、莲花纹钵、辐射纹荷叶器座、辐射纹敛口花钵（藏河南），暗花双鱼盘（藏英国）。另外，在传世品的个别器物上还出现有文字。如“奉华”二字多见于尊、瓶、碟之上。“蔡丙”“宁”则是见于小碟与洗上。文字虽不是装饰，但仍提高了对器物的鉴赏意趣，其中“奉华”应是宋奉华宫的专用物。器形又分裹足、平底、三足、凹足、葵口、窄板沿和宽板沿诸种。盘分有裹足、凹足、平底、直口和荷花口数种。还有三足洗、弦纹尊（奁）、套盒、尊、方壶、圆壶等，还有为数不多的莲花器座、荷叶器座、镂孔器、鸟、龙等瓷塑工艺品。也用花、鸟、虫、鱼装饰来满足皇亲贵族们的闲情逸趣。

宋代官窑瓷的鉴别方法

“官窑”由官府直接营建。有北宋官窑、南宋官窑之分。宋顾文荐《负喧杂录》记“宣政间京师自置窑烧造，名曰官窑”。据此可知，北宋后期在汴京（今河南开封）设官窑，现称“汴京官窑”，亦称“北宋官窑”。具体窑址至今尚未发现。

传世官窑有人疑伪 宋代官窑瓷器世上极其罕见，原因在于宋代官窑瓷器的私密性、非商品化生产等特点。宋代官窑瓷器不做随葬品，所以在宋代墓葬发掘中没有发现。因此对于传世的宋代官窑瓷器的真伪就引起了一些人的怀疑。有学者认为传世的宋代官窑瓷器都是赝品。此说一出，引起瓷界广泛争论。目前绝大多数学者认为传世宋代官窑瓷器是真品，也是珍品。

宋代　官窑鬲式炉

宋官窑不带“官”字款 市场上有一些带“官”字款的瓷器明显是赝品。宋代官窑瓷器没有“官”字款，原因是宋代官窑瓷器都是单色釉，另外，官窑瓷器只供皇家使用，所以没有“官”款是一般规律。五大窑中定窑有“官”

字款，因为它是民窑，专为皇家烧造瓷器，是应该有个标志的。钧瓷多为花盆，宋徽宗喜欢养花，建了一个大花园，花盆多用钧窑。钧窑瓷器的特点是釉厚，形成了特有的纹路，叫做“蚯蚓纹”。这种纹路，后仿的瓷器很难做到。钧窑瓷器上面的编号，从一到十号，一号最大，十号最小。而后仿的“钧瓷”，其编号正与之相反。

用高锰酸钾去“贼光” 新的瓷器，表面上都有一层很亮的光，行话叫做“贼光”。现在最通常使用的去光方法，先用氢氟酸泡半个小时，然后用高锰酸钾和泥包起来闷一个小时。用这种方法处理的瓷器有一种“旧”的感觉。鉴别方法：摸，有刺手的感觉；闻，有酸的味道。

新瓷器砸碎了卖 人们多以为收藏瓷片不会有假，于是一些商家就想出了新招，把整件新瓷器砸碎了，卖瓷片。所以说，不要以为是瓷片就没问题。还有一种作伪方法，把瓷器砸坏了，再把它粘起来，好像是一件旧东西。收藏者的眼力高了，造假者的手法也多了，应该提高警惕。

宋代哥窑瓷的鉴别方法

哥窑是宋代五大名窑之一，以纹片著称。明代《格古要论》中有这样的描述：“哥窑纹取冰裂、鳝血为上，梅花片墨纹次之。细碎纹，纹之下也。”其特征可归纳为：黑胎厚釉，紫口铁足，釉面开大小纹片。遗憾的是，宋哥窑的窑址，至今还没有被人们发现。

传世哥窑瓷器的特征 传世哥窑器，首先必须具有众所周知的“金丝铁线”“紫口铁足”。前者是哥窑的与众不同的裂纹，大纹为“铁线”，有的显蓝，大纹中套的小纹为“金丝”，有的不一定显金黄，大纹小纹合称为“面圾破”，它应当是密而不疏，曲而不直；后者是哥窑显露的较为特殊的胎色，但两者往往如鱼与熊掌一样不可兼得。瓷胎满釉器有“紫口”而无铁足。铁足应当是胎质本身的无釉颜色。铁足如是人为施加的一种黑色釉，其真伪值得怀疑，与《七修类稿续编》中记载的“其足皆铁色”相悖。

传世哥窑瓷器有三个特征是目前无法仿制的。其一是传世哥窑瓷器釉面不光亮，有一层酥光，看上去好像器物釉面出汗；其二是传世哥窑瓷器上的金丝与铁线各一张网纹，就是金丝一张网纹，铁线又是一张网纹，看上去，好像金丝线纹上面，又覆盖了一张铁线网纹，两色网纹线，各行其势，互不相干；其三是传世哥窑瓷器器物底足有铁锈红颜色，并有近千年岁月氧化的自然包浆，铁线颜色发黑闪蓝，并有晕散感（对外扩散）。

宋代　哥窑三足香炉

最后，就是哥窑最主要、最奇妙、最令人称道、又最被人忽视的特征，即所谓“攒珠聚球”。“攒珠”指的是哥窑器中之釉内气泡细密像颗颗小水珠一样，满布在器物的内壁和外壁或内身和外身上。实际上真正哥窑的釉内气泡不仅仅只是“攒珠”，还显现出一种比“攒珠”稍大一点的“聚球”。球比珠大，也就是说哥窑有大小不同的两种气泡，其排列形式不是间杂错落，而是较为整齐地排列在一起。聚球式的气泡比攒珠的气泡数量要少得多，一般呈圈形排列在器物之内壁，像一个很厚的环。“攒珠聚球”它是当之无愧的划分真假哥窑的一条必不可少的重要依据。

明清仿哥窑瓷的特征　明清仿哥窑瓷，主要是景德镇仿制。它有以下几个特征：

1. 胎体颜色呈瓷白色。

2. 釉面有一层自然空气氧化的宝光（学术界称润光），与明清单色釉瓷釉面宝光相似。

3. 金丝与铁线交织在同一张网纹线上面。

4. 铁线的颜色发黑，与传世哥窑瓷器上面的铁线颜色发黑闪蓝有明显的不同。

5. 有的器物口沿及底足施酱色釉，模仿传世哥窑紫口铁足的特征，也有器物口沿及底足不施酱色釉颜色，但器物底部露胎处有自然空气氧化的包浆（陈旧感）。

现代仿哥窑瓷的特征　现代仿哥窑瓷，仿制的造型、釉面的开片、做旧的方法是五花八门，千姿百态。但与传世哥窑真品瓷及明清仿哥窑瓷相比，都有很大区别。现代仿哥窑瓷器有以下几个特征：

1. 釉面有一层贼光（学术界称火光），如果做旧，就留有人工做旧的痕迹，釉面的光不自然。没有传世哥窑瓷釉面上的酥光，也没有明清仿哥窑瓷釉面自然空气氧化的宝光（学术界称润光）。

2. 现代高仿品可以仿制出传世哥窑瓷的金丝与铁线两张网纹互不相干的特征，但与宋哥窑瓷器的金丝铁线，还是有很大的不同。宋哥窑瓷器的金丝铁线，像钢笔在宣纸上面画了一条线一样，有自然的晕散（对外扩散）。现代高仿哥窑瓷的金丝线，就像圆珠笔在宣纸上面画了一条线一样，比较生硬，无自然晕散。哥窑属青瓷系列，釉色为青釉，浓淡不一，有粉青、月白、油灰、青黄等色，因窑变作用，釉色多显两种或两种以上的色泽，非人为主观意志所为。胎质有瓷胎和砂胎两种，少花纹，无年款。胎色有黑灰、深灰、杏黄、浅灰等。釉面不光洁，但有一层如酥油之光，釉质较深浊不清透，釉层厚薄不匀，蘸釉立烧之器，底足之釉最厚，有的可达 4 毫米。其烧造方法为裹足支钉烧或圈足垫饼烧，后者可明显见到所垫圆饼烧造的痕迹。

宋代钧窑瓷的鉴别方法

宋代均窑始于唐，兴盛于北宋，窑址在河南省禹县城关钧台，故名“均窑”，亦名“钧窑”。

宋代　钧窑弦纹碗

在北宋五大名窑中，钧窑的情况比较特殊，因为它不但是宋徽宗唯一钦点的宫廷御用瓷，而且曾经还是人们身份和地位的象征，现在它的传世品也不过数百件，因此在市场上出现的大部分宋代钧瓷都是仿品。一般可从造型、釉色、工艺和底款上进行鉴别。

由于钧窑是自然的窑变过程，素有“钧瓷无双，窑变无对”的说法，因此辨认起来要比其他瓷器复杂。但一般可以从以下几个方面进行鉴别：

一是看造型　宋代钧瓷造型古朴典雅，具有浓厚的书卷气息。

二是看釉色　宋代的真品的釉色圆润，清脆动听，釉变色五彩缤纷、璀璨夺目，一般有“蚯蚓走泥”纹，而仿品的釉色流动呆板，一般没有“蚯蚓走泥”纹，即使有，也很不自然。

三是看工艺　真品的工艺非常细腻规整，胎质坚实，仿品的工艺粗糙，胎质疏松。

四是看铭文　真品的铭文一般是在底刻有“一”到“十”的数字，用来表示器物尺寸大小，这些数字是在烧制以前刻上的，仿品一般没有，有也是不规整的，与真品的相差很大。

宋代定窑瓷的鉴别方法

定窑窑址位于河北曲阳涧磁村。定窑白瓷的驰名始于北宋，而定窑白瓷的烧造则始于唐代。北宋定窑虽仍以烧造白瓷为主，但另兼烧黑釉、绿釉、酱釉及白釉剔花器。刻花装饰方法被大量采用，按工艺细分，可列为刻花、划花和印花三种。北宋定窑的刻、划花技法与当时的其他窑口瓷器颇为不同，给人一种很“硬”的感觉，这种感觉只可意会，不可言传，但可以打一个比方来形容，如用钢刀在松软的木料上刻花，受刀处周围的木料表面会随着刀具的刻压而下陷，此谓之“软”，而在坚硬的红木上刻花，受刀处周围的木料表面则不会下陷，使刻纹轮廓更为鲜明，此谓之“硬”。

宋代　定窑孩儿枕

刻划花的装饰手法流行于北宋，至金代则出现了印花的技法，定窑印花装饰看不出由简到繁，由低级向高级的发展过程，有可能受定州缂丝的影响，制瓷匠师采用缂丝纹样粉本刻模，因此一开始就显得比较成熟。从釉色来看，金代定窑的釉色与北宋时有所不同，不如北宋时滋润，而带有粉质感，亦显得较为稀薄，突出于器表的纹饰微露白色。

北宋定窑白瓷具有以下的特征：

1. **泪痕**　泪痕是指器表的流釉现象，定瓷流釉往往呈条状，宛如垂泪，故称“泪痕”。泪痕现象仅见于北宋定窑器，唐至五代定瓷并无此特征。唐代定瓷釉薄而洁白，胎釉结合十分紧密，无流釉现象；北宋则凝厚而泛黄，釉内气泡大而多，釉层在烧结过程中随器垂挂流淌，形成泪痕。北宋早期，定窑采用正烧，流釉方向自口至底，北宋中期以后，定窑创造了覆烧的技法，流釉方向自底向口。但也有一些特殊情况，一些定窑白瓷，泪痕方向为横向，十分奇怪，形成原因尚待研究。

2. **竹丝刷痕**　在定窑碗、盘类器物的外壁，经常可看见细密如竹丝的划痕，这些划痕是器物初步成型后旋坯加工时留下的，当然在其他窑口的器物外壁也可见到旋坯痕，但不如定窑的纤细密集，此为鉴定定窑器物的一个特征。

3. **底足**　定窑器物的底足类型不多，主要分为平底与圈足两大类，而其圈足具有与其他窑口器物圈足明显不同的特点，这些特点体现在北宋中期以后覆烧成型的定窑器上，由于覆烧的发明，器物圈足得以裹釉，而将露胎处移至器上，然而裹上釉层的器足在外观上的表现并不那么完美，足面(圈足与地面接触部分)总是显得不够平整，有些地方釉厚，有些地方釉薄，以手抚之，明显地感到凹凸不平。这种现象十分奇怪，但在鉴定中却非常有效，凡北宋定窑圈足器(采用覆烧法，圈足上釉者）均有此特征，此为鉴定之关键。

另外，定窑圈足器之圈足有大小两种类型，大圈足器之足底往往可见竹丝刷痕，刷痕呈同心圆，而小圈足器则无这种现象，但无论大小圈足，足均极浅，足墙均窄，小圈足器挖足不过肩，几乎无钩手。

4. **变形**　定窑器物，尤其是碗类器物，大都有些变形，若是完整器，将器物倒扣于桌面，便很容易发现这一特点。

就目前在市场上所见到的仿定白瓷而言，泪痕现象已可做到，竹丝刷痕亦不难实现，至于器物的变形非人力而可强为，而取决于烧造时的火候、窑位、气氛等因素，若以人力做作，不免留下故意造作的，不自然的痕迹。现在只有一点还难以企及，就是足面的不平现象，这种现象的形成完全出于自然，且在目前尚未引起仿造者足够的重视，仍可作为鉴定的一个标准。

宋代青白瓷的鉴别方法

宋代　青白瓷酒壶

宋代青白瓷鉴定，辨窑口是最重要的问题。现已发现浙江、湖南、湖北、广西、安徽、广东、福建、江西8个省30余处窑址均烧青白瓷，其中许多精品，与景德镇青白瓷不相上下，实难辨别。如安徽出土的注碗、注壶，究竟是景德镇窑还是安徽的繁昌窑产品，至今在学术界仍有不同看法。南丰窑产品也与景德镇窑相似，只有垫饼支烧痕与景德镇窑的黄、黑褐色斑痕不同，颜色明显浅淡，而酱口碗也是南丰窑独有。广西藤县窑的产品质量也不错，但底足未见支烧痕。福建地区青白瓷造型与景德镇窑有差异，垫圈支烧盘子是其特色。其他青白瓷也各自有独特之处。

仿青白瓷始见于明永乐官窑，仿品十分精细，多暗刻缠枝花纹。以后历代均有仿品，但总量不是很多。官窑仿品价格远在宋青白瓷之上。现代仿青白瓷始于20世纪80年代中期，先是景德镇仿，早期仿品釉色偏青，现在胎釉已完全达到逼真程度。仿品采用手工成型，高薪聘请刻花高手，刀法十分娴熟，缠枝花、婴戏纹刻划得非常流畅，又采用垫饼支烧，连支烧痕都有。但支烧痕与真物颜色略有差异，造型曲线变化与真物也略有差异。福建地区也有青白瓷仿品，借用景德镇的成功经验，多数仿品釉色近似卵白色。近年来仿品以碗类居多，配以刻花婴戏纹，卖价数千元，收藏者往往认为自己捡到了便宜。购买时一定要提高警惕，仔细观察作旧痕迹及工艺特征，然后再做结论。

宋代影青瓷的鉴别方法

影青瓷，也叫青白瓷，是宋代景德镇窑工们在五代青瓷、白瓷的基础上烧制而成的一种特色瓷器。因其釉色介于青瓷和白瓷之间，白中泛青、青中泛白而得名。晚清以前称青白瓷，晚清以后一般称为“影青”，晚清以至民国初年出版的瓷书又有“隐青”“映青”“印青”等名称，所指均为青白瓷。

目前，在北方收藏市场上，宋元时期的影青瓷器很少。原因是北方的瓷器爱好者对来自南方的影青瓷不太熟悉，加之赝品太多，认为保护自己最好的办法就是不去问津。其实，只要掌握了上述影青瓷的胎、釉、工艺特点（掌握器型的意义不大。因为仿古者对各类器型一般都把握得较好，如遇罕见而又特别的造型，则要慎重）和造假作伪的一般手法，完全可以一展身手。

影青瓷釉质的手感和观感，犹如青白玉一般，这是在鉴识宋代影青瓷时首先要考虑的。若遇干枯无光，釉面粗糙，或反之过于莹洁润滑者，则要谨慎。

又如影青瓷的胎色，洁白细腻，淘洗精细，有的器物精细到几乎脱胎的程度，但在制坯和上釉过程中往往会出现不够均匀之处，坯胎有厚薄，釉面有流淌，故若遇胎质过分精细洁白，状如粉末，露胎和釉面均光润无瑕疵者，须小心。

胎质鉴定　影青瓷即青白瓷的真伪鉴定，首先得鉴其瓷质，因为湖田窑的器物瓷质极好、质量极高，有的几乎达到了胎薄如纸、白似雪的境界；用手指放在器物之外迎光而视通透见指，宛如极富水头的白玉。而仿品则没有这种感觉，观之察之而是不具水头白玉、不清晰、朦朦胧胧。

宋代　影青瓷犬

釉面鉴定　温润如玉者为真品（湖田窑），亮丽或木然者为伪品，有一点点黑黄斑且深入胎骨者为真品，黑黄斑点在釉皮表上者为伪品；釉面有干燥自然的小碎开片的为真品，有显湿且机械木然的开片为伪品。

刻划花鉴定 影青瓷的刻划花真品飘逸豪放、收放自如，大气磅礴，而伪品则缩手缩脚，木然呆板，极不自然。

底脚露胎器或覆烧的口沿露胎物。因影青瓷大都为出土这物，所以多少都仍有些土锈，如果这些土锈难以洗刷或火烧不下，则为真品，易洗刷或烧之即下乃是伪品。

再如其纹饰具有明显的时代特征，北宋早期影青瓷和元代的同类器物，花纹都不及南宋，若遇上像元青花上的人物故事图案，则显然值得怀疑。

宋、元时期的影青瓷器的底部有明显的时代特征。北宋影青瓷器的底部较高，南宋次之，元代则很矮，甚至接近平底，且底部颜色各异。

宋代“黑釉”瓷的鉴别方法

宋代　耀州窑
黑釉瓷汤瓶

首先，真正的宋代建阳窑黑釉瓷器，釉上得很足，掂在手中沉甸甸的。其次，宋代制作的建阳窑黑釉兔毫茶盏，它的胎土是坯胎似石，色黑如铁的铁胎。再则，古代工匠为瓷器拉坯时，会在瓷器底部用竹刀迅速地刮过去，行话称为“修刀”。

元青花的鉴别方法

元代青花可分为大件器和小件器两种，典型的元青花瓷鉴别特征主要有七点：

1. 元青花一般胎体厚重，上手感觉适中。

2. 器底无釉，多数器底有明显旋纹，个别有跳刀痕并黏有填砂。

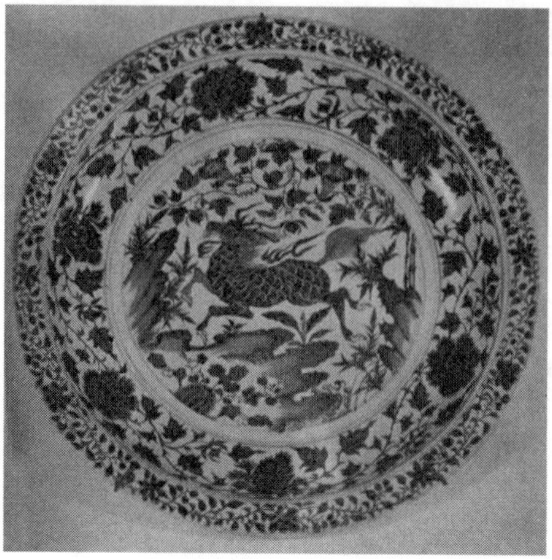
元青花麒麟纹大盘

3. 青花色泽有浓艳、灰浇两种，均有铁锈斑。

4. 具有圈足外墙斜削处理，往往留有浸釉时的手抓指痕，露胎部分呈褐红色。大件器底无釉露胎部分常黏有较大面积的釉块。

5. 分段制造，拼接而成，接底痕迹十分明显，特别是罐类内壁釉面有不平状。

6. 凡梅瓶之口均为上窄下宽之梯形。

7. 高足杯的杯身和足采用湿胎接合，足内顶端无釉，而且往往有乳丁状凸起，足部空心而不封底。

元釉里红瓷的鉴别方法

釉里红瓷是以氧化铜着色后烧制而成的。因为烧制难度大、成品率低、传世较少，价位居高不下。元釉里红瓷的鉴定有以下四招：

1. **器型**　和同时期的青花相比，元代釉里红瓷器种类比青花少得多，而所见器型都是至正型青花造型，有罐、瓶、壶、高足转杯等。元代釉里红有两种类型：一为大气古朴的器物，直口圆肩，鼓腹下斜收，近底外扬，浅圈足；另一为外销瓷，器型较小，有圆罐、方罐、瓜棱罐。

2. **胎体**　元釉里红和元青花一样，瓷质坚实厚重、致密，大件作品呈灰白色，小件胎白度高，接胎痕明显，修胎不太规整，胎体略显粗糙，常见一些或大或小的黑褐色砂粒，足底中心部位有小乳钉状钮，为器物平添了几分古意。

3. **釉色** 元代釉里红为两种，一为淡青白色或灰白色，釉面平整，釉色莹润光洁，有玻璃质感，成色鲜艳，纹饰清晰；二为成色不稳，显现浅红、深红夹杂灰色，花纹晕散飞红。这是当时对铜彩料的烧成气温不能有效控制所致。

元　釉里红“三顾茅庐”人物图

4. **纹饰** 元釉里红绘法有三种：线绘、拔白、涂绘。元早期采用涂抹方法，或在胎上刻画纹饰后再做填红，形成红底白花，或在刻画的纹饰上填红，形成白底红花。纹饰题材丰富，有植物、动物和人物故事等。元后期作品多为线描纹饰釉里红，技法单一，勾勒加简单点染。

元釉里红瓷至今尚未发现有款识作品，有“大元某年製”款识的均属伪造。

明洪武瓷器的鉴别要点

1. 元明两代瓷器的砂底，露胎处均可见星点装或大片火石红斑。这种火石红斑，自元代开始出现，经明代，延续到清代乾隆以后才完全消失。

2. 釉面多为青白色，色泽清雅、柔和悦目。

3. 所绘龙纹，不如元代凶猛，多为五爪龙。元代所绘的折枝或缠枝莲叶纹的叶形较大，为大花、大叶，到洪武时则明显缩小。

4. 瓷器底足中心乳钉状突起，是元代器足遗传。

明洪武　笔洗

5. 明代早期纹饰，大多简练娴熟，豪放生动。官窑器的纹饰精细秀丽，或多或少流露出元代风格。

明永乐瓷器的鉴别要点

1. 胎土淘炼精细，胎体轻重适度，尤其以白砂底之细腻而著称，抚摸有极细腻如糯米粉的感觉。

2. 此时的鲜红釉、甜白釉和青花瓷器独树一帜，占有特殊地位，成为明清两代的典型。某些特殊器形可视为始于或盛行于永乐朝，如瓢形扁壶、抱月壶、大天球瓶、单面扁壶、双系（或三系、四系）盖罐、花浇、压手杯、尖底莲子碗等。

明永乐　青花缠枝花卉纹碗

3. 盘、碗之类撇口器的口沿极薄，手抚之较尖而无圆浑感。不见棱角。这种器口特点，是断定年代初区分真伪的主要依据之一。

4. 琢器胎体接痕微露，不及元代与明初时期明显。

5. 釉面肥厚、莹润、平净，无橘皮纹。白釉器的口边与底角釉薄处多闪白色或黄色，釉汁厚聚处闪浅淡的虾青色，琢器表、里的釉面，多均匀一致。器底的白釉，一般匀净，少有厚薄不均现象。薄处泛黄，厚处呈浆白色，或稍闪青色。有些器底白釉开有细片纹。白瓷器底部聚釉处，呈水绿色特别明显。细瓷底足平削，底釉有的呈波浪纹。

6. 常见器足有以下几种：高深外撇式圈足、内墙外撇式圈足、里直外收式圈足、齐平式圈足、外底边角微有突出的齐平式圈足。圈足露胎处多泛火石红斑。盘、碗类的内壁与底面先解除印弦纹一周；器心多微下凹，器底外凸，呈塌底状。梅瓶多平底，微有修胎痕，呈直角式小斜坡状甜白器盘、碗的底部胎体稍厚，并不完全透亮，凡器底部全透者，非永乐甜白半脱胎器，应属后仿品。

7. 青花器釉面肥厚，莹润平净，无橘皮纹，釉色多数发青，用进口“苏泥勃青料”，烧造时有自然的晕散现象，形成浓重凝聚的结晶斑点，呈凹凸不平状，有不同深浅的笔触感。

8. 此时官窑与民窑常用的装饰，有海水、卷草、缠枝莲、竹石芭蕉、折枝枇杷、莲瓣、洋莲、暗龙等。青花纹饰线条纤细、清晰。所用金彩成色足赤，红彩色鲜。多见缠枝四季花和折枝瓜果为主的装饰纹饰图案。

9. 玉壶春瓶唇口内外沿，往往有稍厚的釉层，而呈淡青色的流淌斑块。

10. 永乐款式只有“永乐年製”四字篆书款，字体自然，凡特别规矩而呆板者要注意其时代。

11. 永乐瓷的气泡一般均有大小不同，以 30 倍显微镜观察，凡气泡一律大小者，要特别注意其时代。

明宣德瓷器的鉴别要点

1. 永乐为明代瓷器的开创和发展时期，而宣德则为鼎盛时期。陶瓷界有青花首推宣德的说法。宣德青花以其胎土精细，釉汁均净，造型工整，凝重浑厚，胎质细腻，多细砂底，器形多样，青

明宣德　釉里红查体梵文盖罐

花浓艳，纹样优美而久负盛名。琢器接口少见，胎体比永乐时厚重、坚致。

2. 釉面特点为橘皮纹。青花器釉面，呈亮青，前期与后期釉面稍白，中期为青白色，釉面均很细润。

3. 青花用三种色料：①进口苏泥勃青料；②国产料；③进口和国产混合料。青花自然晕散，形成浓重的凝聚结晶斑，深入胎骨。宣德青花可谓青花之冠。

4. 矾红彩始于宣德，瓷釉为宣德创新品种之一，仿哥釉也是从宣德时开始的，黄釉是宣德时烧制成功的，青金兰釉又称“雪花兰”或“洒兰”，为宣德时景德镇能工巧匠又一杰作。

5. 纹饰一改永乐时的纤细风格，显得粗重豪放，笔法苍劲。尤以龙纹狰狞凶猛之状，可为明、清两代之最。

6. 宣德瓷器署有年款的，较永乐时显著增多。一般为六字楷书款，亦有四字的，书写部位不定，全身均可书写，亦采用篆书。曾有宣德款识“满器身”的说法。

7. 彩瓷楷书写“德”字无“心”上一横，篆书写“德”字，“心”上都有一横。

8. 器足、琢器多细砂底，无釉、无旋痕，泛有火石红斑。盘心微有下凹。雍正仿斜坡盘底，于足脊处滚圆如“泥鳅背”状。

明宣德青花瓷的鉴别要点

造型　宣德青花瓷以胎土淘炼精细、造型工整凝重、釉汁匀净、器型多样、青花浓艳，纹饰优美而久负盛名。这个时期的瓷器不但继承了前朝传统，还兼收了阿拉伯铜器文化的因素，大胆创新烧制了许多独特新颖的器具。目前世上多见的有梅瓶、天球瓶、玉壶春瓶、八角烛台、葵瓣口碗、卧足碗、菱花口碗、大盘、扁壶、折沿盆等。器物多为圆足，外墙内敛、里墙外斜，足端棱角状呈现梯形，用手很难抓起，此后的仿制者多不具备这些特征。

胎釉　宣德时期瓷质细腻，胎体坚致，大件器多为厚胎，底无釉，砂底、露胎处常见尖石红斑，光滑自然无旋纹。瓶罐接口明显，虽制作精良，但仔细观察仍能看出衔接痕。多橘皮纹是宣德瓷器的突出特征。釉面均匀细润、白中泛青，呈亮青釉。器身器足边际、棱角等转折处，常现水绿色积釉。中小器物底足多施釉，但同器身色泽有别。同永乐青花瓷器一样，宣德青花使用的青料多为进口料，浓艳深沉，有晕散现象，且有自然形成的黑褐色铁锈斑，深处钻入胎骨，用手触摸有凹凸感。当然，同时期也有国产料，发色淡雅无锈斑，时有流散，致使纹饰有模糊不清的现象。

明宣德　青花波海兽纹高足盅

明成化瓷器的鉴别要点

1. 成化时期瓷器造型庄重圆润，玲珑俊秀，小件居多，俗称成化无大器，但也不是绝对的。

2. 胎质纯洁细润，胎体轻薄，迎光透视呈牙白色或肉红色，如脂似乳，莹润光洁。釉质肥厚，光洁晶亮，胎精釉亦精，高穆深雅，同臻其妙。

明成化　斗彩三秋杯

3. 成化青花瓷器，以淡雅、沉静的色调行于天下。但往往因釉质肥厚，青花色淡，而有云遮雾障若隐若现的现象。尤以底足的青花款色调，表现得最为突出。青花色调浓重者，相近于宣德晚期，并和多数浅淡色调，同时并存。

4. 斗彩为成化创新品种。

5. 纹饰线条纤细，多用双线勾勒填色法，填色较淡。只用平涂，只分浓淡而不分阴阳，无渲染烘托。绘人物衣着，只绘单色外衣，无内衣作衬托，故有“成窑一件衣”的说法。成化青花以淡雅著称，用“平等青料”取代“苏泥勃青料”呈色稳定，发色蓝中闪灰青，成化青花与弘治青花相类似，故有“成弘不分”的说法。

6. 成化瓷器釉面，以细润见著，俗谓“明看成化，清看雍正”。

7. 成化器足，凡饰有青花双边线很规矩，紧靠圈足底部，而靠近足跟无釉处，那条圈线，颜色较深重，上面一条则显清淡。可用这一点来做鉴定参考依据。

8. 款识字体，挺拔有力，如同出自一人之手。一般为大明成化年制，“大”字尖圆头高，“成”字撇硬直到腰，“制”字上大下小，“衣”字一横不越刀。

明弘治青花瓷的鉴别要点

明中期青花主要是指成化、弘治、正德三朝的青花瓷器。要把握弘治时期青花瓷器的特点，必须从明成化青花传承上看，因为弘治青花瓷器不管是青花、色釉还是彩瓷基本上都是成化瓷的延续和发展，总体风格相似。这个时期，成化斗彩的制作已经停止，黄釉、白釉刻填绿彩则负有盛名。该朝瓷器传世量远比不上成化和永宣时期，由于物以稀为贵，弘治青花市场价位居高不下。

明弘治　青花执壶

器型　主要有葫芦瓶、香炉、高足碗、折沿盘，撇口盘、三足炉、罐、收口碗、撇口碗等。官窑中琢器不多见，常见的盘、碗类圆器圈足较成化器稍矮一些，有些器底整个收缩下凹，器里圈足承托处微量凸露，盘底多有塌底现象。弘治青花总体上继承了成化朝的制作工艺，带有成化朝遗风，但就青花器型而言，更加规整流畅，秀逸柔美。

胎釉 弘治青花瓷器，胎骨细腻洁白、致密，修胎工整精到，圈足光滑圆润，足墙偏矮，内墙直立，深浅不一。官器碗、盘类器足双边线特征明显，即贴近器足的地方多饰有两条青花边线。所见仿品在胎足上和真品差异很大，底足平整光亮，足径宽大窄小不一，器身比例很不协调。

明万历五彩瓷器的鉴别要点

1. 器形 万历朝五彩瓷器器形多样，除盘、碗多见，各式盒较多（圆盒、方盒、六方、八方等），颇有特色，造型上简洁，敦厚。但由于当时烧造工艺的不成熟，造型上往往不太规整，有歪斜、微小的凹凸等瑕疵。总体上说万历五彩瓷产量不高，小件多，大件很少。

明万历 五彩龙凤大盘

赝品的器形多过于规整，造型呆板，无古拙之气。常出现臆造品。

2. 胎体 万历朝五彩瓷器胎质厚重，胎土淘洗不很精细，由于使用脚踩泥拉胚成型，胎中多有气孔，烧制时不易炸裂。露胎看上去比较干。大件器物多为砂底，修胎不规整，衔接痕迹显露。

赝品的制胎工艺不同，使用胎土不同，淘制较细，多用煤气窑烧成，胎土油性略重。

3. 釉面 万历朝五彩瓷器釉质莹润，釉面微闪青，光泽柔和，有自然的使用痕迹和氧化皮层。

赝品的釉面多发白，常使用人工方式除去火光（酸浸、机械摩擦、土埋等作旧方式），赝品的釉面上常有不自然的小黑点。

4. **青花五彩**　万历朝五彩瓷器使用天然进口回青料绘制青花，发色蓝中闪紫，浓艳、淡雅者皆有。五彩使用天然矿物颜料，红、绿、赭、紫等，颜色沉着，纯净，长期使用有自然脱落。

赝品使用现代化学料，青花色浮，有时太过浓艳。彩料不同，色不纯，无使用痕迹。

5. **纹饰绘画**　万历朝五彩瓷器较多采用开光图案，绘画技法幼稚古朴，图案不规整，线条虽细却以繁密为重。主题纹饰多为龙凤纹、花鸟、人物故事、婴戏等。画工豪放，笔法写意，纹饰生动。

赝品的纹饰绘画因为现代画匠的绘画，其技艺根本无法与古人的境界相比，画工一般较呆板，人物造型刻画得不准确，古意不足，仔细观察多有败笔之处。

清末民初龙纹瓷的鉴别要点

清代的龙纹，朝廷有着严格的规定，五爪龙纹被皇家牢牢地掌握，官窑帝王及皇亲国戚所用之器物方能使用五爪龙，一般的平民是不能使用的。所以民窑就根本不能制作五爪龙纹器物，而出产的只是四爪龙纹（晚清民窑仿古官窑瓷除外）。而到清朝灭亡，民国建立，清代的体制严规，一切都化为泡影。因此，不管是原味的官窑，还是其他民窑都大放其手，严格的限制获得全部的解放，大绘特绘五爪龙纹，迎合广大民众，使国人不论高低贵贱都能尽情享受原清代只有帝王及皇亲国戚和大官显贵方能使

清末　矾红云龙纹天球瓶

用的五爪龙纹器物，并至今一直延用，没有间断过。看看现今我们日常生活中使用的笔筒、笔洗、香炉等龙纹瓷器，都是五爪龙纹的。由此，也就给鉴别清末与民初的龙纹提供了可靠的依据，这是鉴别清末与民初龙纹根据之一。

清末的龙纹都是严格按照清廷的体制沿用的，并按级别定颜色（如黄色为帝用、红彩为嫔妃用等）。而清末民初使用的也是五爪龙纹，那么两种五爪龙纹又有何区别？其中之一，清末官窑器之五爪龙纹一般都是正宗的工笔绘法，而民窑则大多是写意绘法和工笔写意相结合绘法；其二，清中后期的龙纹为了活灵活现，采用加点绘之，使其有立体感，有骨有肉、生机盎然，再说官窑一般都有当朝年款。而民窑既没有点绘之法，也没有年款。

其他瓷器的鉴定与辨伪

收藏景德镇瓷谨防三大陷阱

陷阱一 外地制瓷假冒景德镇制瓷。各地陶瓷市场的不法经营者，往往抓住消费者喜爱景德镇制瓷的心理，用一些低劣的外地瓷与景德镇陶瓷混杂在一起销售，时有人擅自雕刻“中国景德镇”“中国瓷都”“南国瓷都”“景德镇监制”等字样的图章，作为一些外地瓷的底款。

陷阱二 利用假证书将低档次陶瓷冒充高档次陶瓷销售。目前艺术陶瓷市场各种证书五花八门，如“景德镇艺术陶瓷名人名作证书”“景德镇陶瓷艺术大师名作证书”“中国陶瓷艺术大师作品证书”，等等。证书的版本各不相同，

景德镇功夫茶具

景德镇青花瓷

有软皮精装本，有超薄压膜本，有贴着照片、盖着钢印的，有景德镇陶瓷协会颁发的，也有各制瓷公司印制的，甚至有作者自己印制的。这些证书鱼龙混杂。在市场内的一些门店，任何一件瓷器，几乎都能随意配上任何陶艺大师的证书，而证书和陶瓷作品却完全脱节。

陷阱三　对作者的身份任意拔高，以抬高陶瓷作品身价。一些民间艺人在证书上摇身一变成了高级工艺美术大师，一些市级工艺师变成了省级高工，有的在作品证书上还编造作者获得所谓“国家一级画师”称号，有的则臆造作品获得各级别的奖项，等等。据一业内人士透露，不少商贩在作品证书上记载的职称和荣誉根本不是作者本人的，而是作者师傅的，甚至是师傅的师傅的。不法商贩这样做的目的就是想凭空抬高瓷器的价值，牟取暴利。

彩瓷的真伪鉴定

纹饰鉴定　彩瓷上纹饰的周围有蛤蜊光，且深入釉胎为真品。反之，清新亮丽又无蛤蜊光者则为伪品，并且纹饰周围带有银色蛤蜊光者也为伪品。

浅降彩的真伪鉴定　真品彩感朦胧，苍老自然、伤痕自然者真；

民国　粉彩瓷罐

观感彩纹亮丽、清晰、伤痕做作、纹饰呆板、木然、做作者是伪品。

胎釉、纹饰，底足　鉴定多同青花瓷的胎釉、纹饰、底足鉴定仅一点不同，乃彩瓷多有没有上彩的釉面及底面（有釉）有大片的洗之不掉，擦之不落的蛤蜊光者为真品。

老胎新彩瓷的鉴定　第一要鉴定纹饰的周围有无真正的油盐光的蛤蜊光，后看其是否稳定，是否擦洗得掉。如有若蛤蜊光不稳定，轻浮、擦之即掉，或是带有银色的蛤蜊光，而断其胎又是老物，那可说明其是老胎新工；第二看色彩纹饰之上有无自然的磨损伤痕，如没有，而彩下却有磨损伤痕，那则证明其是老胎新彩，因为彩不会跑到伤痕上面去。另外，纹饰彩上如若有磨损的伤痕那也要看自然不自然，如若彩上的伤痕与彩下釉中伤痕不符，那也是伪品。

题款的鉴定　大凡题款题字的彩瓷，其款字周围基本都有蛤蜊光，然而现如今在高科技一日千里飞速发展的今天，已经发生了变化，今天仿做的题字款瓷都已有了“蛤蜊光”，这是因为仿做者在题款题字的料中加放了铅锡粉末等原料（彩料周围则加金粉等原料）。所以，在仿做之后便就有了“蛤蜊光”。而如今晚清大名家和珠山八友大作价格高涨，因此就越发得注意小心。凡在这题款题名的周围出现带银色“蛤蜊光”者，且用高倍放大镜观之，见款字之中也有点点银光者为伪品，或为老胎后加款；题款题字的周围有如一滴柴油掉入水中并随之向外扩散所产生的蛤蜊光，并见擦不掉洗不净者为真品。

用高倍放大镜观察，款字如见其轻浮，鲜亮醒目，有上飘之感可定为伪品。款字沉稳不轻不浮有深入釉胎之感，见苍老者为真品，这样的款字即使周围没有蛤蜊光也仍可断为真品。

青花瓷的鉴别方法

器型　应侧重于器物造型的古拙、敦厚、粗笨、秀美、玲

珑、华丽等不同风格进行研究，详加分析对比，摸清其演变规律。仅举玉壶春瓶为例，自宋代始创至晚清民国，历朝均有制作，而风格却每代都有变迁。

纹饰　也同造型一样，具有明显的时代特征。无论题材内容、装饰手法或工艺技术，不同时期的纹饰均有不同的表现，成为瓷器断代和辨伪的有力依据。例如，明初永宣瓷器中的青料晕散和下凹斑痕等特有现象，后代仿品都不能准确再现，清雍正仿永宣器，常用复笔加重点染青花来刻意仿效宣青的效果，但因钴料不同，就无法克服色彩漂浮的弊病。

胎釉　胎为骨，釉为衣。鉴别胎质时，可从器足的无釉处入手，注意胎土淘炼的纯净与烧结的缜密程度。因时代淘炼方法有别，明代以前较之清代、民国，胎土中含金属杂质为多。如著名的永宣细砂底器，露胎处可见金属自然氧化形成的黑褐色星点或火石红色；而后仿清代、民国胎体，却均因淘炼过细，没有这种氧化斑，成为赝品致命的破绽。另外明代胎体迎光透视，多显肉红色；明成化胎体透光显牙白和粉白色，而清代及民国仿品则显青白色。清康熙瓷胎质纯净、细腻、坚硬，为清末民初仿品所不能及；而很多日本仿中国明清瓷器，其胎质烧结瓷化的程度又过高，以指轻扣，发声清越，就仿品之逼真而言，亦成缺陷。至于鉴别釉面，主要应注意观察釉质的粗细，光泽的新旧，釉层的厚薄以及气泡的大小和疏密程度。

蛤蜊光　有的青花瓷与彩瓷一样，同样也有蛤蜊光，尤其是家传用瓷，往往使用后铁质、油质、脏物等渗透入其釉胎之中，使之如一滴柴油掉入水中后迅速扩散所形成的七彩霞光一样而滋生的蛤蜊光，并且还有犹如镀金产出的金色光，其妙无穷，且洗刷不掉，因此凡有这种金色之光、蛤蜊光之器则可定为真品，反之则为伪品。

底足　首先，底足不干不燥显湿润者为伪品（刚出土者或刚从水中取出者除外）；干燥自然老化者为真品（老底者除外），这是因为古陶瓷的底足经自然老化，而逐步消去胎体内的水分而由湿变干。其次，如果在底足上看见火石红被透明釉罩着者，那它肯定是伪品仿作，因为火石窑红是所露之胎，即没有施釉的胎足其内含有矿物质受到窑火燃烧而自然泛露出的，怎么会跑到透明釉下面去了呢？分明是作伪者涂上去然后再用透明釉罩上去所致。

土锈　出土的古陶瓷有的久经土浸而产生土锈，这样所产生的土锈一般难以一下洗刷掉（做伪者用万能胶等加土做粘上去的土锈一般也难于洗刷掉，然像这样所做成的土锈一用火烧便即现原形而掉落），反之一经洗刷就掉落者则为伪品（这一点适用于所有古陶瓷的土锈鉴定）。

款识　历代更是千差万别。体会各代款识的不同风格，可以从研究笔法入手，然后将真假瓷器款识相互比较，结合实物，反复审度字体的结构，排列的形式，落款的部位，以及款识色泽的深浅浓淡等。另外，还应注意总结同一时期早、中、晚期款识不尽相同的变化规律。

总之，辨识瓷器真伪，上述条件缺一不可。同时，也要防止草木皆兵，对所见器物一概乱加猜测。欲提高鉴定水平，首先应多看真品，其次也可以选出一些典型的伪作赝品，经反复对比，切磋揣摩、积累经验。如此，对瓷器的真伪、年代，才能作出真知灼见的判定。

雍正青花瓷器的特点

雍正时期制瓷工艺突飞猛进，在继承康熙朝制瓷工艺的基础上，又有了许多创新、变化和提高，不仅品种多、题材广泛、造型多样，而且原料的选择和加工也比以前更讲究。从景德镇青花瓷器看，无论造型和装饰，都可以用一个“秀”字来概括，与康熙青花挺拔、遒劲的风格迥然不同，而是代之以柔媚、俊秀的风格。

雍正青花瓷器主要有以下几个特点：

1. **胎釉**　胎体精细，洁白坚致，重量较轻，修胎一丝不苟，看不见旋削痕，薄厚均匀。釉面光亮莹润，玻璃质感强，纯净无

清雍正　青花瓷执壶

瑕，白中微闪青花，带有明代风格。

2. 青料　采用我国浙江产的上等青料，加以精炼。从颜色上看可分两种：一种是色泽幽静匀润，发色较康熙青花柔和淡雅，没有太多的深浅浓淡的色阶，也有少部分是仿明成化的淡描青花，或仿明嘉靖青花的蓝中泛紫，淡描青花经常出现在一些小件器皿上，用笔纤细，淡雅宜人。另一种是青花发色浓重艳丽，色调深蓝，釉中有小气泡，釉面有橘皮纹，系仿明代永乐、宣德青花苏泥勃青料风格，由于是用国产料代替进口料加以描绘，只能采取人工浓色堆点的方法，来体现黑色斑点及晕散，比较而言，还是显得死板一些，缺少永、宣青花自然流淌、深入胎骨的效果。

雍正时期除了传统的白地青花外，还有青花胭脂红、珐琅彩青花、豆青地青花加紫、外豆青里青花、青花釉里红、蓝地白花、青花红彩、青花加紫、黄地青花、哥釉青花等品种。其中青花釉里红烧制很多，尤为精美，以青花绘辅助纹饰，釉里红绘主题纹饰，既保持了青花幽静雅致、沉静安定的特点，又增添了釉里红浑厚壮丽、鲜艳夺目的色调。如故宫博物馆藏雍正青花釉里红凤穿花盖罐、青花釉里红三果纹双耳扁瓶等，即为此类器的代表性作品。

3. 造型　雍正青花在造型上既有继承也有发展，结构精巧，陈设与实用保持完美的结合，形成高雅而朴实的艺术风格。雍正青花善于博采众长，无论是仿古铜器式样，还是对于自然界的花果形态，如瓜、石榴、海棠花等，不是单纯机械的模仿，而是以简洁、洗练的手法来增强其清秀的表现力。康熙青花中广为流行的棒槌瓶、凤尾尊、琵琶尊等器形很少出现，瓷器足部处理也没有前期常见的台阶痕、双圈足，均为滚圆的“泥鳅背”，用手抚摸十分润滑，俗称“灯草根”。除了日常生活用的盘、碗、碟、杯、盅及各种小件文房用具外，还有许多大件琢器及创新式样。

碗类 有撇口、敛口、花口、有马蹄式、墩式、折腰式等，以折腰式最为流行。碗壁普遍较薄，口、足处理很精细，有圈足和卧足两种，圈足切削整齐，比较大。民窑青花足内有砂底，带旋坯痕。

茶壶类 壶形俊秀，既实用又美观，有菊瓣式、桃式、瓜棱式、端把式、提梁式等，以提梁壶最多且最具代表性。

瓶类 有玉壶春瓶、象耳折角方瓶、桶式瓶、蒜头瓶、葫芦瓶、双耳六方瓶、直口瓶、赏瓶（赏赐之用）、灯笼瓶（形似灯笼）、四连瓶、六连瓶、撇口瓶、橄榄瓶、梅瓶等。梅瓶口沿比前期要薄，既有清代的丰肩式和撇口大梅瓶，也有仿明永乐、宣德的溜肩式样。天球瓶有细砂底和釉底两种。

尊类 造型古朴，多是皇室的大型陈设器。一般高度在50~70厘米。有如意耳尊、双螭耳尊、灯笼尊、蒜头大尊、撇口圆腹大尊、侈口尊、象耳尊等。

雍正瓷器的造型与装饰工艺，在仿古方面达到了空前的水平，体现了高超的制瓷技巧。景德镇御窑厂受雍正皇帝的影响，仿烧前朝作品达到高潮，尤以仿烧宋代五大名窑的色釉及明代永乐、宣德、成化这三朝的青花最具水准。从仿烧的青花来看，有的不仅造型神似，尺寸大小一致，而且纹饰色彩描绘逼真，这是因为以宫中真品为摹本去仿烧，所以有时是真假难辨，达到了仿古暗合，与真无二的程度。

总体看，有清一代，雍正瓷器是最完美的，具有鲜明的时代特征，构思别致，每件器皿都有多种式样。小件器皿线条柔和含蓄、轻巧俊秀，追求实用与美观的统一。大件琢器端庄典雅，讲究线条变化，质朴古拙，刚中带柔，注重上下比例之间的协调、空间关系的适度、整体的统一，可以说厚重古拙与轻盈秀丽兼而有之，达到了增一分则长，减一分则短的程度。

4. 纹饰 雍正青花非常注重纹饰布局与造型的完美结合，能够按照器物的形体，配以适当的构图。用笔精细纤柔，构图疏朗、明快，纹饰简洁清晰，强调主题突出。官窑青花以绘龙凤及缠枝莲花为代表，画风工丽，花式一致。民窑青花不拘一格，运笔熟练，追求自然随意的画风，具有很强的民间风格。

雍正青花的装饰题材十分丰富，有植物花纹、动物纹、人物纹、吉祥图案等，总体上看，雍正青花绘画技术法多样化，纹饰中大量使用团花、皮球花、过枝花，非常新颖独特。图案整体感强，规矩中富于变化，达到很好的装饰效果。

5. 款识 雍正青花的款识主要是在器物底足内写青花“大清雍正年製”六字楷书款。其次是六字篆书款和四字篆书款。四字楷书款少。从故宫博物院藏品看，大件琢器普遍是六字篆书款，中小件器物又多是写楷书款，个别也写篆书款。仿明代款识有“永乐年製”“大明宣德年製”“大明成化年製”“成化年製”“大明嘉靖年製”。但也有仿明代器物写本朝官款，有的写仿款，有的不写款，对于这种不写年款的仿品要仔细研究分析，如仿宣德青花海水白龙纹天球瓶就有这三种情况。另外比较特殊的是青花四连瓶，在每一个瓶底分写一字，加在一起正好是“雍正年製”四字款。青花六连瓶是在中间小瓶的足内写“大清雍正年製”六字篆书款。

雍正本朝官款一般字体清晰、秀丽、工整，是典型的宋体小楷，字与字之间排列要比康熙官款紧密得多。

雍正青花中的堂名款，与康熙青花相比要少得多，主要有“郎唫阁制”“敬恩堂”“椒声馆”“庆宜堂”“养和堂”“燕喜堂”“立本堂”等。

颜色釉瓷的真伪鉴定

红釉瓷鉴定 凡带有开片纹的红釉瓷，不管是霁红还是钧红还是窑变红或是炉钧红等，如若见其釉面上的开片交叉接口处有满是脱落而形成的点点小孔，则可断真品，因为这是年代久远而使开片的交叉之处釉瓷小点脱落而形成的现象，仿做之品是做不出这种自然脱落的脱瓷小孔的。如若要进行伪作，那也可一看便知是人为所做，因为其要做成这种脱瓷小孔便有人工凿迹，断不自然，再说到目前为止还没有这种作伪之瓷。

底部鉴定 窑变红釉瓷的真品底部多涂有酱色釉，尽显沉稳、苍老、干涩者真，而显轻浮加鲜亮或湿、脏、平滑为伪品。祭红釉瓷因底多施釉，所以看底足就得多看圈足的露胎之处，一般圈足露胎处干燥具涩感者真，反之是伪品。

豇豆红瓷鉴定 绿色苔点自然分布且沉稳者真；分布不自然、做作、苔点过绿过大、醒目者是伪品。

蓝釉瓷鉴定 有多橘皮纹棕眼且多聚密集的小气泡，并发色不沉不稳者伪。发色沉稳，尤以明代蓝釉为沉稳，色蓝中带灰黑，极显苍老古旧；清三代的蓝釉除乾隆时有的蓝釉与晚清民国时的蓝釉即洋蓝相同之外，其他也显发色深沉，深蓝加暗色。

黑釉瓷鉴定 宋代建窑、吉州窑、金溪窑都生产黑釉瓷且各有风采。建窑胎多为紫色，坚硬；吉州窑胎多为黄色，粗而松；金溪窑则黑灰有之，土黄也有，黑灰者坚硬，土黄者粗松。它们都有一个共同的特点，就是釉没有施到底，不但底足无釉，就是器物下部也大多无釉，所以这样也给我们鉴定其真伪提供了不可多得的要点，并从中可以鉴出：真品露胎处干燥，抚

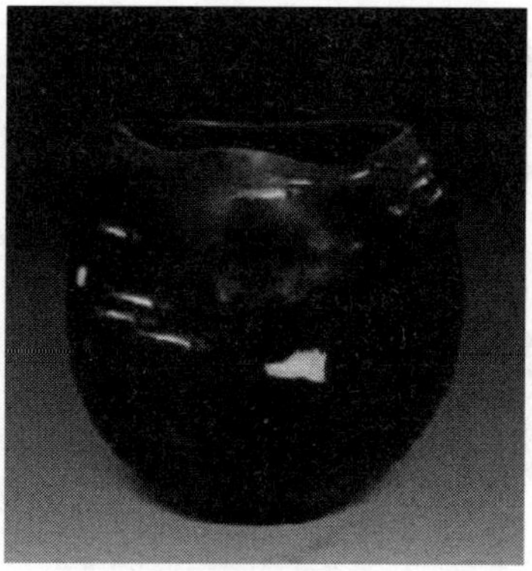

高温颜色釉瓷罐

之涩手，伪品则显潮润，抚之平滑。没有被土锈吃掉釉的真品尽显莹润玉质，有猪油感，伪品则不是耀眼就是枯涩，真品被土锈吃掉釉的倒显干涩，土锈深入胎皮的尽显苍老与沧桑；而伪品则是用硫酸、草酸等化工原料处理做旧，其虽然也显得釉面好像被土锈吃得脱皮脱壳的，然而“土锈”无法深入釉骨之中，一洗便掉，这就是真品与伪品的土锈之分。

唐三彩的真伪鉴定

1. **看胎质** 从出土情况看，河南洛阳巩县窑三彩真品多为白色陶胎，胎质较细腻、疏松、白中泛红，属藕粉胎。另一种胎质坚硬，白中泛青，听之声音清亮，属钢胎。用放大镜观察真品的伤残处可看到，胎质中含有少量黑色杂质沙粒，如把真品露胎部分放进水中，取出后会呈现中度粉红状。如用毛刷清洗脏土后，真品露胎部分会出现很多沙质小坑。仿品胎质细腻洁白或者发灰，硬度大，露胎处放进水中则呈现土白色，同时可闻到一种煤烟气和硫酸的气味。

2. **看造型** 古代工匠往往是长期从事陶瓷制作的，他们技艺娴熟，随心所欲，所制器物古朴生动，有粗糙厚薄不均的感觉。仿品则在造型、大小尺寸上颇为相似，但器型生硬，整体与局部比例上欠谐调，马、骆驼、俑等器物底部四周有刀削痕迹，显得过于规整，给人一种刻意造作的感觉，器物的内部过于洁白，没有锈斑和自然尘旧土层现象。

唐三彩三足炉

3. **看釉色** 真品无论刷釉或者点釉，流淌自然，色彩较为光亮莹润，釉面有一种柔和的光泽，俗称“宝光”，有部分釉面出现白色银片，用水洗过后会出现鲜艳的光泽，干燥后会马上露出白色银片。仿品釉面光彩夺目，有刺眼感，在日光灯下斜看仿品釉面时会呈现紫色、金黄色、鲜绿色三种颜色，釉面上的白色银片洗后很少出现银片，这是因为硫酸腐蚀过后才会出现的反应。

4. **看纹片** 真品用放大镜观察，可看到一种无色的细碎纹片，大片基本均匀，纹片四周轻微有上翘感，纹线多数是由左向右发展，纹线短中交错。仿品纹片较大，没有上翘感，纹线多从上往下发展，纹线长而直。

5. **闻气味** 真品的气味近似土腥气，放入水中一尺内便可闻出，我们称它为葬气，真品在经过几百或者上千年缓慢的水土和尸体浸蚀，这种气味会被器物的胎质所吸收。仿品经水后可闻到一种煤烟气味，是烧窑时的煤烟气。近年来有几家仿制高手为达到葬气的效果，曾采用农药六六粉水浸蚀陶胎，以求达到葬气效果。

6. **看土锈** 真品的表面及内部经过几百年水土的浸蚀后，三彩器物内部露胎处，会出现很多针尖大的铁红色斑点，整齐有序。

景泰蓝的收藏与辨伪

景泰蓝亦称“掐丝珐琅”，其用细扁铜丝做线条，在铜制的胎上掐出各种图案花纹，再将五彩珐琅点填在花纹内，经烧制、磨平、镀金而成，外观晶莹润泽，鲜艳夺目。

民国　景泰蓝骡形摆件

关于景泰蓝的起源，考古界至今没有统一的答案。一种观点认为景泰蓝诞生于唐代；另一种说法是元代忽必烈西征，从西亚、阿拉伯一带传入中国。但学术界公认的一点是：明代宣德年间是我国景泰蓝工艺大放异彩的时期，景泰年间更是继承了宣德时期景泰蓝制作工艺的优点，并提高到一个新的水平，达到辉煌阶段。“景泰蓝”一词也由此产生。

收藏景泰蓝，除了认清年代外，在器型的选择上应以人物、动物为首；其次是炉、瓶；再次是碗、碟、杯等。需要强调的是，景泰蓝的掐丝十分重要。因此收藏景泰蓝时，应选择掐丝细密、纹丝华丽、图案清晰、主题分明的器物。在观察珐琅釉时，必须考虑到历史的原因：明代的珐琅质厚、色透，砂眼凹坑大且多；清初期的珐琅也有砂眼，但比明代有显著改进，珐琅质厚但不透；至清末、民国，珐琅稀薄，但砂眼几乎消失。

20 世纪 60 年代开始，景泰蓝出现仿制品，主要仿造清代乾隆以后的器物。景泰蓝使用的主要颜料为珐琅色料，伪造者为降低成本，往往用其他色料代替。伪造的一般方法是：先制成铜胎，并用铜丝掐成各种图案，接着将普通颜料研磨后填入灼烧，烧成后镀金，再用细石将表面的硬棱磨掉。各道工序完成后还要在其表面涂上一层杏干粥，使其生锈。数十天后把表面的锈除去，再用胭脂油擦一遍，其颜色和光润程度可与旧器物相混淆。因此藏家购买收藏时要仔细观察，才能分辨真伪。

珐琅彩瓷器的鉴定

珐琅彩的制作是由景德镇烧制的上好素白瓷送进宫中再由宫中画上珐琅彩釉烘烤而成。画工技艺特高，加工水平严格控制，如有缺陷即刻打碎处理。由于珐琅彩器是专供宫廷皇室玩赏之用，不得向外流失，故而数量特少。收藏者很少人可见到此类珍稀品，故一般很难鉴别珐琅彩与粉彩的区别。

珐琅彩的鉴定要领如下：

瓷胎　瓷胎细薄，修胎规则，完整无缺，大多为小件，超过一尺大的都少见。

造型 多为碗、瓶、烟壶之类的日用小件瓷和动物摆设品。

底轴 为纯白轴，不偏青也不偏黄，釉面光滑洁净无疵。

珐琅彩色 色极鲜艳且柔和，很少为纯色而为粉彩型藕荷色。色种多，同一物上可出现七八种颜色，多达十多种。

色料特点 每一图案均由多种色料调配而成。其料彩表面光滑有玻璃质反光感，有时还可反射蛤蜊光，十分美观。釉料均凸出底釉略高出一毫米左右，有明显的立体感，闭眼用手摸可明显感觉到，若用10倍放大镜看可在每一片小花、小叶上看到极小的开片纹。这一现象用肉眼看不出，这也是最重要的一个特征。而粉彩则感觉不到有凸出的情况。

清雍乾　珐琅宫廷彩瓷御器

绘画与纹饰 珐琅彩器画工特别讲究，多为工笔画，各个朝代有所不同，如康熙的珐琅彩大多为色地，其色地的色以红、黄、蓝、绿、紫、胭脂色等。康熙珐琅彩的特点是有花无鸟，其色彩调配比雍正乾隆两代都差一些。雍正的珐琅彩比较成熟，工艺上有所突破，彩料更为丰富。乾隆时期珐琅彩继承了雍正的风格，但技艺上没有雍正时严谨，并且还出现了粉彩兼珐琅彩之间的作品。

款识 康熙时期的瓷器一度是被禁止写款的。康熙40年后才开放禁令让其落款。康熙的款识在珐琅彩器上均用色料写款，有红、蓝、紫、黑等色。落款仅为“康熙御製”四字楷书，加双方框。四字款有三种形式，其区别在于“康”字和“御”字各有两种不同用笔。雍正时期的款识也有两种方式，一为仿宋体，一为楷书体，均由四字组成外加双方框，仿宋体是“雍正年製”，楷书体是“雍正御製”，只见蓝料款。乾隆的款识只有“乾隆年製”

四字双方框形一种，乾隆有蓝料也有赫色料款。

原始彩陶的鉴定

我国历史悠久，远在新石器时代，先民已制造和使用陶器。早先陶器一般不施釉，少数施釉者也属于低温釉。陶器的烧制温度一般在600℃～900℃，也有1000℃以上的。陶器具有吸水性，陶胎一般为红色、 灰色、土色或褐色黏土。

原始彩陶　舞蹈纹彩陶盆

原始社会的陶器一般根据它的色质可分为红陶、灰陶和彩陶。彩陶鉴定时，首先要对各文化类型陶器的主要特征有所了解，确认被鉴定的陶器属于何种文化类型，细心观察陶器的制法、器型、彩绘、图案花纹等各方面是否都符合该文化类型陶器的特点。

史前彩陶中马家窑、半山、马厂等类型的陶器尤受藏家青睐。

马家窑类型（公元前3300年～公元前2900年）的彩陶，多为细泥橙黄陶质，陶器表面打磨光滑，陶质坚硬，造型优美。大多使用黑彩，色彩单纯。其纹饰变化丰富，线条柔和流畅，构图变化多样，给人一种浑厚、坚实又细巧明快的艺术感觉。马家窑类型是彩陶史上的繁盛期，器型有壶、罐、瓶、钵、盆等，纹饰常见的弦纹、波纹、旋涡纹、网纹、圆圈纹等。口沿施彩也是马家窑类型彩陶的特点。

使用黑红两色是半山类型(公元前2650年～公元前2350年)盛行的风格，常以黑锯齿带和红带并置，具有繁缛华丽的特色。造型有盆、钵、壶、罐等。主要以壶、罐为主，腹部近似球形，显得饱满。纹饰大多饰于大型器物的腹部、有网纹、方格纹、葫芦形纹、旋涡纹、以旋涡纹、水波纹为主题，看上去如奔腾的黄河，有波浪翻滚，一泻千里的气势。

马厂类型（公元前2350年~公元前2050年），器形和纹饰的种类更加繁多，缤纷多彩，早期的彩陶还有着半山类型的风格，最多见的纹饰有四大圆圈、蛙纹、十字纹、波折纹、回纹、至于舞蹈纹、鸟纹、兽纹，以及鸭形壶、彩陶鼓、人头像壶等器型，则及罕见，属于高等级品。

由于马家窑、半山、马厂类型的彩陶艺术价值较高，所以，造价者为了谋取高利润，常挖空心思复制一些器形怪异、纹饰新奇、器形较大的彩陶。特别是甘肃临夏复制的彩陶，往往让人感到真伪难辨，几乎达到了以假乱真的地步。

造假者以马家窑、半山类型居多，常见的仿品有壶、罐、盆、钵、碗、鼓、提梁罐等，只要有利可图，造价者没有不伪造的。但只要藏家认真观察，仔细分析，看纹饰，掂重量，手摸，鼻嗅，用水冲洗，就不难看出破绽来。

仿品好像有种做贼心虚的心理，从绘画上看，不敢大胆放笔，笔不流畅，纹饰拘谨，滞待，线条生硬，没有灵动感，更无气韵。从胎骨看，陶胎显得粗松、笨重。从外表看，不光滑、没有腐蚀和虫草纹。

但也有高仿的，胎薄，器型匀称，表面打磨得很光洁，但一眼看上去，纹饰很刺眼浮躁，色彩沉郁。

赝品的锈蚀是造假者有意用胶、水泥、石灰、油灰、沥青等黏合物粘上去的，很粗糙，不光洁，不自然。

赝品的彩绘，可用水去冲洗，有冲洗不掉的，可烧加热水浸泡，就有扑鼻的臭胶味，用手一摸，彩即可掉下来。

有比较才能鉴别，真伪往往在比较中现出原形，古彩陶鉴定也是这样。

四川汉陶的鉴别

鉴别汉陶并不难，可以从以下几点入手。

出处 世间万物皆有渊源，传承有序，首先是器物的产地出处，这是比较关键的一项。川俑只在蜀地特有，有它的特质，可以首先从它的来历佐证断定它。

神态 汉陶最主要的就是它的神态鉴定。一般经验丰富的藏家火眼金睛的第一眼最关键，行家一眼就能分辨出陶俑的真假，谓之为“一眼货”。汉代的四川，是当时全国农业最富庶的地区，天府之国物产丰饶，所以，制作出的陶俑普遍都有一种“喜乐富足”的神情。那种质朴、纯真的微笑，无忧无虑的神情，有心灵感应者，都会一见而心领神会。川俑表现出的都是一瞬间定格的微笑，雕塑手法删繁就简，简练朴素。无论是舞俑、听琴俑、庖厨俑、吹箫俑，在“喜乐无忧”之间还流露出一种乡儒般的儒雅神态，显示着内心世界的平静安详。虽经土埋千年，历经千年光阴的打磨，一般脸部眼睛表面均已风化模糊，但观之仍能感受到人物所表现的淡泊无邪。以农夫俑为例，安逸的表情是心灵的最好表现，充分表现出农夫丰收后的心情状态。即使是说唱俑，在眉飞色舞间，表现出来的也是一种朴实和善的幽默滑稽，神韵虽生动，但绝无油滑之态，此物尤令美术界、艺术界人士喜爱。鉴定四川汉俑，如首先能掌握“观神态”这一关键点，其他问题均可迎刃而解。

汉代　陶说唱俑

工艺 早期汉陶靠手捏成形，刷去浮土后，还会看到表面或腔体内大拇指的指纹。真品汉俑大都是通过合模加捏、刻画、堆塑等多种表现方法而成。大部分为掏空雕塑，特别重要的是大型汉俑真品往往整体是由两个或两个以上部分构成。尤其是头颈部分都留有间缝，头部有的是套上去的。有时，马腿部及前后身体、兽尾等部皆由分段插接而烧制。有些陶塑成后，表层经竹片修刮打平，留有削刮痕迹。其中有些高温陶已有瓷化特征，叩之铿锵有声。

土沁　一般表层酥化，风化严重，土沁均匀与陶体浑然一体，黏固在一起，比较坚硬。有些因地质原因留有蜀地盐晶体在土沁上，此点极难作假。但也有崖墓出土的陶，只有表层有少许土沁，状极新，要用心去揣摩判断辨认。如是崖墓出土的陶，表面局部常沾带有一些很牢固的白色状岩崖浆，这是由崖墓中的碳酸钙自然形成的，厚薄不匀、分布散乱，呈片状、块状。而新仿的陶俑土沁，有的是直接用水蘸墓土刷上去，再经过太阳暴晒等，但这种假土锈多清洗几遍即掉落。其次是水搀胶水再将墓土、黄土粉、汉砖粉末扑打上陶表面。如用布使劲试擦拭，有胶水的假土锈会出现胶水凝固后的亮光及流动的状态，不难分辨。还有一个简便的鉴定方法，即看陶俑外层与内壁的土锈状态，土锈色泽、硬度里外相似浑然一体的，真土沁可能性大；如土沁里外不一样，外旧内新，外硬内松，用手一抠，很容易块状般脱落的，这就是赝品。

土味　陶器大多经过几千年的岁月，深埋于地下，土沁深入肌理，闻之土腥味深重，新做的器物则无此特征。

观真　多看真品，如到博物馆观摩，多看实物及图册，用心揣摩，即可万物存于一心。

瓦当的收藏与鉴赏

瓦当俗称“瓦头”，是指筒瓦顶端下垂的特定部分，其种类有圆形和半圆形两种，为古建筑瓦的构件，起着保护木制飞檐和美化屋面轮廓的作用。

不同历史时期的瓦当，有着不同的特点。秦瓦当纹饰取材广泛，山峰之气、禽鸟鹿獾、鱼龟草虫皆有，图案写实，简明生动。这时的瓦当纹饰以动物形象居多，有鹿、四神、鸿雁、鱼及变化的云纹。画面与写意相融，图案构思巧妙，有将画面一分为二、也有一分为四的，在对称中求变化，均衡自然，富于生气；汉代瓦当在工艺上达到顶峰。纹饰题材有四神、翼虎、鸟兽、昆虫、植物、云纹、文字及云与字、云与动物等。出现了以瓦当心乳钉分隔画面的布局形式。带字瓦当有 1 字至 12 字不等，内容有吉祥语如“长乐未央”“与天无极”等，也有标明建筑物名称与用途的。魏晋南北朝时期的瓦当当面较小，纹饰以卷云纹为主，文字瓦当锐减。在唐代，莲花纹瓦当最常见，文字瓦当几乎绝迹。宋代开始用兽面纹瓦当，明清多用蟠龙纹瓦当。

白虎瓦当

朱雀瓦当

总之，瓦当的造型，千姿百态，既是绘画、工艺、雕刻相结合的艺术，又是实用与美术相结合的艺术，在一些古建筑上起到锦上添花的作用，它不仅以典雅大方、宏伟壮丽给人以美的艺术享受。

秦汉瓦当的区别

1. **秦汉瓦当的渊源关系** 秦统一六国后，统治者大兴土木，营建宫殿庙宇以及陵墓寝堂的现象蔚然成风，因此，使用瓦当十分普遍。当时对瓦当的制作相当讲究，可谓精益求精，同时也促使瓦当的图案装饰形成了自己独特的艺术风格。它一方面继承了春秋战国以来写实的艺术手法和明快朴素的特征，另一方面又打破了当时僵化的形式及图案上表现恐怖气氛的风格，故秦瓦当在图案纹饰以及题材方面都有所创新。如属于动物纹的有鹿纹、獾纹、兽纹、豹纹、龙虎纹等；属于禽鸟纹的有燕纹、凤纹、飞鸿纹等；属于昆虫纹的有蜂纹、蝉纹、蝴蝶纹等；属于植物纹的有蔓草纹、树纹、荷花纹等，可谓种类繁多。汉代前期仍继续沿用秦瓦当的形制和纹饰，但在继承秦瓦当的传统基础上又出现了文字瓦当，从而成为当时一大特征。如属于建筑物专用的有“长乐未央”（系甘泉宫用瓦），“上林”（系林苑用瓦），“左戈”“右空”（系官署用瓦）等；属于陵墓建筑用瓦有“万岁冢当”“长陵瓦当”“来谷宫当”等；属于颂扬吉祥语的有“汉并天下”“千秋万岁”“延年益寿”“长乐无极”“亿年无疆”等，可谓丰富多彩、异彩纷呈。

秦代　太阳纹瓦当

汉代　“万岁”瓦当

2. **秦汉瓦当的区别**　在形制上，秦瓦当多为圆形，而且其瓦当面径较小，边轮也不太规则，瓦当的背面不够平整。在制作过程中，有着明显的旋切痕迹，瓦当的呈色以青灰色为主；而汉代瓦当除有圆形外，还有半圆形，瓦当的面径有所加大，边轮较为规整，且边棱较宽，大多数瓦当中央还有圆乳，而且均为模制，瓦当的呈色多为浅灰色。

在工艺上，秦代多采用先制好当心，再以泥条盘筑法在当心周围筑起圆筒瓦，在瓦当背用手覆泥压抹，使其紧密结合，然后在泥坯未开时，用竹刀或绳子切去一半筒瓦而成瓦当，这种工艺较为麻烦，而且很难达到规整。而汉代瓦当多采用整个当面一次范成，然后续接已制好的筒瓦，无须切割，瓦当背平整，不留痕迹，边轮也较规整，这也是秦汉瓦当的一个明显区别，在收藏投资时一定要多加留意。

瓦当收藏如何辨真伪

瓦当收藏的兴起使得赝品大量出现，作伪水平也越来越高。主要以伪造文字和图像瓦当为主。目前市场上主要有三种仿品：

第一种瓦当的瓦是真的，在素面瓦当上进行手工刻制，刻好后在面上涂一层泥，再把泥做旧，这种仿品显得线条生硬、呆板。

第二种是根据出土的具有收藏价值的瓦当来仿作，首先新刻模具，然后烧制、做旧，这种仿品比较新，有切割的痕迹，还有土锈，用水一冲就看得出来。

第三种是用各种残片拼接，拼出一种特殊的图案，仔细观察就会发现有粘贴的痕迹，没有真品自然流畅。

一般来说可从以下三个方面进行鉴别。

一看颜色　时代早的瓦当，如秦瓦当是青灰色的，汉瓦当是浅灰色的，颜色由深变浅。

二看制作方法　西汉中期以前，大部分瓦当是手工制作的，有手工拿捏的痕迹（尤其是瓦当的当面）。到西汉中期，瓦当主要是轮制的，有轮旋的纹式，很像象形文。

三看绳纹粗细　也就是看瓦当所连后面的瓦的绳纹粗细，一般绳纹又细又直或者细直交替的多是秦代的；绳纹直而且粗的多为汉代的。

瓦器常见的作伪方法

过去的古董商和掘墓者都视瓦器为下等之器，不是被打破就是废弃。即使一些有识之士，也仅仅选择一些完整之器或奇异之器来保存。由于无利可图，故在1840年以前几乎无人伪制。鸦片战争后，来中国的洋人日益增多，出于艺术上欣赏的需要，于是古陶器的价值日渐增高，贩卖陶器的古董商就逐渐多起来。当时的考古事业不甚发展，出土物极少，供小于求，古陶器的货源显得有些紧张，于是伪造古陶的匠人也就应运而生。其作伪的手法有如下几种：

1. 先是选择一件姿态较好、作伪后能卖大价钱的真瓦器作为范例，制成假瓦器雏形，将其晒干后放到特制的小柴窑中烧制，出窑后埋在土中，停一段时间扒出，再用黄土加水拌成糊状，往上一拽便成，作伪手段十分简便。但用指甲一刮，其土锈就会马上脱落，真正的殉葬瓦器是不会出现这种情况的。

2. 在瓦器上刷上一层用龙须菜熬成的水，再将由古墓中挖出的黄土撒上，屡刷屡撒，用这种方法作伪，行家上当者也不在少数。还有伪造者把制成的瓦器用炭烤热，再用古墓中的黄土掺上白矾，趁瓦器烤热时马上涂上去，反复数次，用这种方法伪制之后，很难看出伪造的痕迹。

真正出土的古代瓦器上面的土锈坚硬而结实，土锈和瓦器凝结在一起，即便用利器刮，也很难相互分离，即使土锈被剥离也会把瓦器本身粘落一层，而伪制的瓦器用加碱的开水一刷，土锈就会被刷下来，这也是最好的辨伪方法之一。

附录：

瓷器的款识

瓷器的款识，始于宋代，宋瓷有“内府”二字和“正和年製”。钧窑器底内有一二三四等数目字。元瓷款识，唯官窑有“枢府”二字款。民窑有款者甚少。

明代瓷器款识种类很多，官窑款“某某年造”字样，亦有“某某年製”的。清代普遍用“製”字，用“造”字的极为罕见。

题款位置，以在底足内居中者为最普遍。高足者有题在足内层之边际，也有题在足外层边际的，都是横书款，又有题在口沿或腰腹部位的，亦属横款。

纪年款

纪年款　纪年款是在器物上用写、刻、印等不同方法，标明瓷器烧造年代的一种款识。我国古代瓷器款式，大部分属于纪年款。

纪年款可分为两大类：书以当时的帝王年号者称年款；用六十年周而复始的甲子表明年号者称干支款。明清两代的年款有不同的书写形式：六字款常书二行，首二字为朝代名，中二字为年号，末二字则为“年製”或“年造”二字。如“大明宣德年製”、“大清康熙年製”等。

四字款则缺朝代名，首二字即为年号。如“成化年製”、“雍正御製”等。干支前加上当时帝王年号，如“大明成化元年乙酉”款。单纯使用干支的并不多。另外，也有只书朝代，而缺年号者，如“大明年造”、“大清年製”款，属于特殊现象。

纪年款的款字，多用青花书写，兼有暗刻、凸印、朱书等。款外多加边饰，常见有双圈、双线方框或单圈，个别也有无圈框或用双长方框的。无论何种形式，款字均为竖写，极少横排书写的。

纪年款以官窑瓷器运用最多，但部分民窑尤其是景德镇民窑，亦有书写年款的。民窑纪年款字体略为草率，不及官窑规整。

堂名款 以典雅的堂名、斋名和“清赏珍玩”之类的文字烧在瓷器上，作为私家烧藏的标志，这种铭款就是堂名款，或称私家藏款、室名款、斋名款。堂名款内容包括堂名、居名、斋名、轩名、室名、殿名、楼名、阁名等，制品之人有封建帝王、皇亲显贵、达官贵人、文人雅士和少数良工名匠。

明代 堂名款

堂名款在明代以前极其罕见，明代的亦多见于后期。入清以后则各朝皆有，尤以康熙、乾隆时盛行，且形式多种多样。同纪年款一样，堂名款也多见于官窑制品。

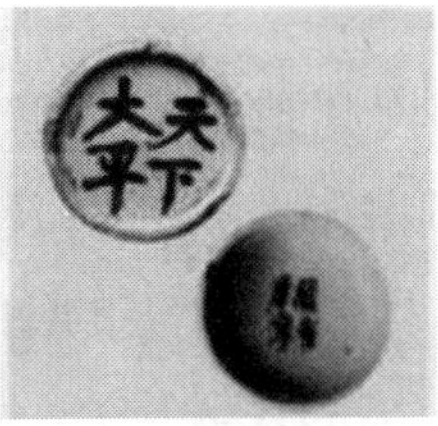

吉言赞颂款

吉言款 在瓷器上烧上具吉祥意义的词句或短语，以表示祝愿的款识，称为吉言款。早在三国西晋时的青瓷上，就可以见到“富且洋（祥），宜公卿，多子孙，寿命长，千意（亿）万岁未见英（殃）”，“宜子孙，作吏高，其乐无极”等字样。宋元时期则有“金玉满堂”“寿山福海”“佛光普度”“家国永安”等吉言款。

明代的吉言款多出现于晚期，且以民窑器上最为流行。如正德时的“天下太平”；嘉靖、万历时的“万福悠同”“长命富贵”“福寿康宁”“食禄万钟”“三元及第”，等等。还有只题一、二字的，如“双利”“吉兴”“福”“寿”“万”“贵”“善”等。

清代吉言款，一般沿袭明代，也常见于官窑器，如康熙六旬庆典七寸碟，四周围以淡赭饰纹，分嵌万寿无疆篆字。有的礼器，则题“喜”字款，以有署以“庆”字或以蒙古文作吉言款识的。

吉言款款试亦多种多样。像“福”即有单、双线方框或双圈内草书“福”字的，有无圈框而用粗笔道在碗内底大书一“福”字的。“长命富贵”款写法也有两种，一是双圈内书写两行；一

为钱形，四字对书于穿孔四周。“万寿无疆”“永庆常青”款则往往采取以花捧字的形式。

赞颂款 赞颂款即赞颂、欣赏瓷器的款识。虽然早在唐代的长沙窑就有“郑家小口天下有名”“卞家小口天下第一”的赞颂款铭，但它的流行却是在明清两代。

明代的瓷器上有“玉堂佳器”“上品佳器”“昆山美玉”“昌江美玉”等四字款，也有“美玉”“雅珍”等二字款，一般都在款识之外环以单圈或双圈，圆圈大小各异，个别也有无圈者。晚明赞颂款，多带“佳器”二字。清代有赞颂款的瓷器，多属私人，故又称私家款，如“美玉雅玩”“奇珍如玉”“珍藏”“雅玩”“玉”“古”“珍”等。字数比较多者，则有“奇玉宝鼎之珍”“其石宝鼎之珍”，等等。

花样款 用含有寓意的纹样图案作为款识，呈“花样款”，亦称“记号款”。

花样款多为民窑所用。明代已流行，到清代则形式更为繁多：①博古图案。如八卦、太极图、八宝、琴棋书画、八音器及礼服上所绣的十二章等。②佛教符号。如八吉祥及转轮王的七珍。③道家符号。最著名的为八仙所持物，汉钟离的还魂扇，吕洞宾的宝剑，铁拐李的葫芦，曹国舅的绰板，蓝采和的花篮，张果老的渔鼓，韩湘子的笛子，何仙姑的荷花（笊篱）。④“豆腐干”款。在双圆圈中心绘双线方框，框内再绘横竖相间的线条。⑤“四朵花”款。在双圈内绘不太规整的“四朵花”，简单的仅绘四个“×”或四个有如眼睛的“花”。⑥其他花样。动物类的如龙、凤、鹿、鹤、龟、还落，植物类如松、竹、梅、蟠桃、瑞草、灵芝、树叶等。

陶人款 在瓷器上署以陶工、作坊主、店主姓名、或陶店名号的款识，称“陶人款”。

陶人款在早期青瓷上即已出现，但常常与纪年、赞颂、吉言等内容结合在一起，形成一条铭文。单独陶人款，直到明清时才可见到，而且比较少，特别是官窑器上更为少见。清初官窑器可偶见督陶官的款识，乾隆以后，督陶官形同虚设，陶人姓名才见于款识。

陶人款的格式，一般是在匠人姓名后加一“造”字。也有光书姓名、姓氏或店号的。

仿款 仿款，就是在当代所制的瓷器上，仿写前代的款识。有些仿款并不一定是存心作假，而是因羡慕前代著名瓷器或其他原因。如清初的康熙、雍正两朝曾有过仿写前代款识的旨意。仿款由明正德年间开其先河，以后无论官窑民窑，仿者越来越多。入清以后，制瓷技术迅速提高，为仿古瓷创造了有利条件，加之当时统治者嗜古成癖，使仿古之风更加盛行。

要分辨仿款和真款，必须仔细观察款识的风格、笔法、字体、位置、款色和字数、结构，并结合器物的造型、胎质、釉色、装饰等方面互相印证，认真推敲。

辨伪，首先可以从研究各代款识不同风格入手，将真假款识相互对照，结合实物，反复审度其款字的书写笔法、字体结构、排列形式、落款的部位。另外，也应当注意总结同一时期早中晚期款识不尽相同的变化规律。

其次，注意款识的用料和颜色。以青花写款为例：元代和明初的颜色深厚下沉，有黑色结晶斑点和凝而不舒的现象，尤其宣德时，蓝色中有黑、灰等色夹杂其中。成化款则舒展清晰，蓝色优美；嘉靖时青中泛紫，十分浓艳；万历以后色调匀净，但发色不深；清初作品也大抵如此；康熙款色调明快，幽倩艳丽；道光以后则蓝色涣散，浅淡上浮。

清代瓷器款识种类更为复杂，现将清代各朝瓷器款识汇录如下：

康熙瓷器款识 单圈、双圈。圆圈栏、双边正方形、双边长方形。凹雕、凸雕。地挂白釉字挂黑釉。地与字均挂一色釉，白地写兰字，白地写红字，绿地写红字。楷书、篆书，半行书、宋堑体、欧玉体。六字分两行每行三字六字、分三行每行二字、四字分两行省去“大清”二字。方栏内不可辨认的字满清文、回回

文、喇嘛文（以上为有字者），秋叶、梅花、团花、园鹤、团蜗，花形物形完全无字（以上为无字者）。

雍正朝瓷器款识 形式较之康熙为少，但较之康熙也有些变化，有六字双圈、四字无边栏、四字方边、凹雕四字、凹雕六字、单圈双边正方形、双边长方形、地挂白釉字挂黑釉地与字均挂一色釉，白地写红字、白地写蓝字。楷书、篆书、宋集体、图书款、方栏内不可识的字，满清文、回回文、喇嘛文（以上为有字者），雍正时之无字者除双圈、秋叶、团龙、团鹤、团蜻外。

其余款识，大抵与康熙时款识不甚相远。康熙、雍正又多不书写本朝代款，而书写明代款，康熙时书写“宣德”者居多，雍正书写“成化”者居多，宣、成两朝为明代瓷器最盛时期。

乾隆时瓷器之款识 六字双圈、六字单圈、六字无边栏、四字无边栏、四字方边、双线正方形。凹雕地与字统挂一色釉。白地兰字、白地红字、绿地红字、绿地黑字。楷书、篆书、欧王款、宋案体、宋体书、图书款、砂底不挂釉凹雕，满清文、回回文、喇嘛文、西洋文（以上有字者）、印花、团花、完全无字（以上为无字者）。凡六字分三行每行二字或六字分两行，每行三字；四字分两行，省去“大清”二字。这三种款识，历朝皆有。六字分两行者，大都是官窑。字以端楷庄整重者为贵。

嘉道以后，一般都沿袭前朝款式，有减无增，渐有趋于一致之势。篆书之款，自乾隆至同治均居其大部分。篆书有两种：一种无边栏，字或红或蓝不等；另一种有双边，红字居多，即所谓图书款。图书款以道光末年、咸丰、同治之间最为盛行。

康雍两朝是楷书盛行时期，篆书很少，乾隆篆、楷皆有，而篆多于楷。嘉庆至同治为篆书盛行时期，而楷书很少。光绪、宣统两朝除仿古外，则又楷多于篆。

古瓷器的取放注意事项

古瓷器的收藏与保管必须遵循轻拿轻放，小心谨慎的原则，根据器物的不同造型和大小情况，灵活掌握，避免造成损失。如果千百年来保存完好的古瓷艺术品，一旦损坏在我们的手里，那真是永世的遗憾。

1. 器体大的瓶、罐、尊移放时因形体大，一般都是由下而上两段拼接而成，且有一定的重量，所以不能一只手提物件上部的脖子。应该一手拿住脖子，一手托住底，以免分量过重，使原来拼接起来的两节分离。有的瓶、罐、尊装饰有双耳，在取放时不能仅提双耳，以免折断和损坏。

2. 瓷器人物在取放时，须注意当心人物的须发和手指部分，因该部分最纤细，易损坏。同时在提放人物时，忌单手拿人物的头部，因人物的头部大多系插进身子中去的，要防止头与身分离，所以应一手拿住人物的头部，一手托住人物的身子。

3. 瓷器的大盘、大碗体质较重，移动时应该双手捧，或是一手的拇指和食中二指扣住边缘，另一手的四指和手掌托底。忌用单手拿盘、碗的一边，以防断裂。

4. 薄胎的器皿，胎薄、质轻、娇嫩，移动安放时更须小心，要双手捧，忌用单手，尤其是瓶件，底足小，长度高，还须防风吹倒。

5. 带座、带盖的瓶器取放时应将座、盖和主体分别单拿单放，不能连盖带座一起端，防止移动时脱落打碎。

6. 遇到多人鉴别欣赏时，要一个一个来，待一个人欣赏完毕，把瓷器放到桌上，下一个人再来欣赏，不要两人将瓷器手递手的传着，以防万一失手。

古瓷器的清洗

在民间流传的瓷器经千百年的流通或土蚀，往往都沾有油渍和污点，收藏时常须经过洗刷清洁，使古瓷器神采焕发。在洗刷和整理的过程中，应该注意和掌握这方面的技巧和方法：

1. 一般的污渍、土锈可以用碱性的稀释后的溶液（如 84 消毒液）浸泡，视污渍的情况确定浓度和时间。当然酸碱性质不同的污渍应取不同的液体浸泡，如碱性污渍可用白醋和草酸浸泡，中性污渍用二甲苯浸泡等。浸泡以后再用猪鬃或尼龙刷蘸肥皂，或皂粉洗刷，再以温水冲洗，直到污渍褪尽为止。须注意，洗刷时瓷器表皮遇到碱性物质更加滑溜，要心平气和，慎重拿放。

2. 冬季洗刷薄胎瓷时，要控制水温，以防冷冻和遇热水爆裂。

3. 有的瓷器的表里，因水浸太久，水锈黏附其上，不能除去，可用上述酸性液体浸数日，刷之即去，若水锈很厚，可用竹签剔去。

4. 粉彩瓷器，有的因彩色中铅的成分多，出现泛铅现象，可用药棉蘸淡硝酸擦之自去，再用清水冲洗。

5. 如瓷器有开片（哥窑）或冲口、裂纹之类，污渍嵌入很深，浸之不去，可用棉纸蘸淡硝酸，贴在裂纹处，稍时污渍即除，但有的娇嫩的釉彩上不宜用此法，以免硝酸损伤釉彩。

6. 洗刷瓷器最好用木盆和塑料盆，不宜用瓷盆和水泥盆，以避免瓷器碰伤。

上述对古瓷器的保管和收藏方法，对于陶器并不完全适用。

陶瓷器窑口的判定

胎　古代各窑基本上是就地取材，有什么料烧什么货，所以大体上是各窑产品各具特色。现代科学的方法是通过仪器测出各已知窑产品胎料的化学组成，特别是微量元素的成分，将要鉴定的器物测出胎的成分与之对比。但当所鉴定器物不便测试时，只能通过观察胎体的色泽、火候、胎质等来判别。有丰富经验的古陶瓷鉴定专家，用此也能鉴定得相当准确。

釉　各窑工艺技术往往形成传统风格，因而形成各自比较固有的特征，比如宋均窑的天青、月白色釉，耀州窑宋代的青釉青中泛微黄，宋龙泉窑的梅子青，定窑白釉泛牙黄等，这些显著特征是我们从釉着手判别窑口的依据。当然，不能绝对化。同一窑口器物，由于时间不同，烧成时的情况不同，釉色也有差异，有时差别还很大，这就要综合其他因素才能做结论了。

装饰手法 各窑所处时代、地理位置、性质（官、民窑）等诸种不同，便受时代、区域文化、地方风俗等影响制约，纹饰内容和技法工艺都有各自的传统特征，如唐代越窑青瓷纹饰少，而宋代耀州窑青瓷装饰的刻花、印花就多。定窑白瓷印花内容多花卉、婴戏，四川彭县磁峰窑印花白瓷则多牡丹、凤穿花。康熙彩瓷多刀马人，乾隆多西洋妇女，等等。

工艺 各窑生产传统，历时长短不同，技术影响，来源不同，原材料不同（如宋以后北方窑多以煤为燃料，南方多烧木材等），窑场经营性质不同（如官窑不计成本，产品选料精良，装饰雕绘精细，相同品种、器形不多，次品销毁，而民窑追求利润，产品造型、装饰大多力求简洁适用美观，同类型品种多等），反映在工艺上就大不一样。

器形 各窑性质不同，社会环境、地理位置不同，产品在器形上差别很大。如宋代官窑为皇家生产的产品多为仿铜礼器、陈设器，磁州窑为民窑，产品大多为生活用器。而且，一般说来，官窑产品器形单调，造型保守，少创新，而民窑产品器多样，形式活泼，创新多，变化多。从地理社会环境上看，各窑受当地文化传统、风俗习惯制约较大，产品器型就不很相同，如宋代北方窑多产瓷枕，南方较少。唐至明，北方窑所产形体较大，南方窑所产则形体较小，等等。从中不难看出，要鉴别陶瓷器的窑口，必须熟悉我国各时期各主要窑场产品的特征，以它们为蓝本，做到心中有底，有可依凭的标准。

中国古代瓷窑窑址

邢窑 唐代，胎质细洁、釉色白润。今河北省临城县（当时属邢州）。

邛窑 隋代至宋代，唐尤为著名，以烧制青釉、褐釉、绿釉、彩绘等器物为主，除烧制盘、碗之外，还有各种瓷塑玩具。今四川省邛崃县代方堂（古属邛州）。

越窑 唐、五代至宋，釉色原以青中微黄，后改进为清水般的湖绿色，刻画有花鸟、人物或几何图案。今浙江省余姚县上林湖一带（古属越州）。

柴窑 传为周世宗（柴荣）时所烧造，据文献记载，器物具有“青如天、明如镜、薄如纸、声如磬”的特点。相传在现在郑州一带尚未发现窑址和器物。

定窑 唐代烧白瓷至宋而著名。宋代定窑瓷器除乳白色外，兼有黑、酱、绿釉瓷器。器物装饰以刻花、划花、印花为主。北宋后期曾一度烧制宫廷用瓷器。今河北省曲阳县的涧磁村、燕山村（古属定州）。

钧窑 北宋、金、元均烧造，此窑利用氧化铜和氧化铁呈色不同这一特点，烧成蓝中带红或带紫的色釉。红、紫的色泽如玫瑰、海棠，非常艳丽。胎骨灰白色，釉细而润，其中有的底部刻有数目字。今河南省禹县（古属钧州）。此外，与禹县邻近的临汝、郏县、登封、新安、汤阴、安阳以及河北磁县等地瓷窑均仿烧钧窑瓷器。

汝窑 宋代名窑，元祐初年曾为官窑。胎骨香灰色，釉色近于卵青。此类器物烧制的时间短，质高物精，目前尚未发现窑址。在临汝南乡等地发现另一种青瓷，釉色较龙泉窑深而带葱绿，胎骨淡灰色，有印花、刻花两种，图案有花卉、水波、鱼及禽鸟。现称“临当窑”。今河南省临汝县（宋代属汝州）。

磁州窑 宋元时代北方民间瓷窑。器形以盘、碗、罐、瓶为主，兼有瓷枕和玩具。胎质坚细，呈灰白色；釉色白中微带黄，上有黑、褐花纹，器里多不挂釉。绘制花纹的方法有绘花、绘划花、剔花和珍珠地划花等，花纹复杂，以卷叶、缠枝牡丹、水波纹、花卉禽鱼等图案为多，线条流畅，构图洒脱，是北方民间瓷器的代表作。今河北省邯郸漳河两岸的观台镇、东艾村、冶子村附近。

当阳峪窑　宋代北方民窑。胎深褐色，器外多施一层陶衣，里外皆挂釉，釉色洁白莹亮，衬以黑地或黑花，黑白色彩对比强烈。花纹以缠枝牡丹为多。用绘花、刻花或剔花制成。此外，绞胎技法具有独特风格，今河南省修武县当阳峪。

龙泉窑　宋代著名瓷窑。始于五代，至南宋而鼎盛。明代仍继续烧造，清代中期以后衰落停产。此窑继承越窑传统，烧造青瓷。南宋龙泉窑瓷器分为两种类型：一种胎质细密洁白，釉色以粉青、梅子青为代表，花纹装饰上出现了堆塑和贴花。此种类型即习称的“弟窑”，一般称龙泉窑皆指此。另一种类型即习称的“哥窑”。龙泉窑器形复杂，除一般日用器皿外，还烧制各种文具及仿古的瓶、鼎、觚、炉等。今浙江省龙泉大窑、金村等处。

哥窑　宋代名窑，龙泉窑的一种类型。相传南宋有章氏二兄弟在龙泉烧瓷器，兄名生一，所烧者称哥窑，弟名生二，所烧者称弟窑。传世的“宋哥窑”，胎薄，色黑铁，通称“铁骨”；釉面多有疏密不同的纹片，称为“百圾碎”，口沿施釉淡薄，显出胎色。圈足底亦露胎，矿有“紫口铁足”之称。今浙江省，龙泉大窑、金村等处。

鹤壁窑　宋元时代北方民间瓷窑。唐末开始烧造，北宋中期以后为兴盛时期，元代仍在烧造。唐代鹤壁窑瓷器多白釉和黄釉，唐宋的器型有盘、碗、壶、罐等，并能烧造大件器皿，也有玩具和瓷枕。以白釉为主，有白地黑花的，也有加绿彩的。用绘花、刻花、剔花的技法，制出简洁的花卉禽鱼等图案。器里往往写有赵、杨、张、刘等姓氏铭记。元代除烧制传统的品种之外，还仿制钧窑的瓷器。今河南省鹤壁市。

耀州窑　宋代名窑。自唐代开始烧造，北宋末为兴盛时期，金元时期仍在烧造。唐代烧造的是白釉或黑釉瓷器。北宋后开始烧造青瓷。器形以碗、盘、碟、罐盒、炉等为主。胎质灰白而薄。釉色匀净。花纹多刻花、印花，装饰花纹丰富多样，有

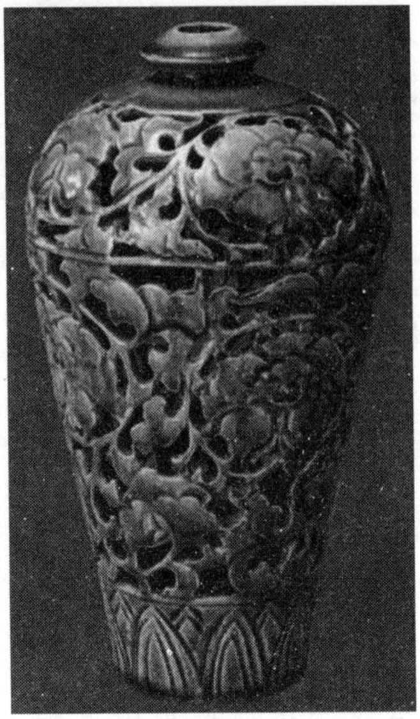
宋代　耀州窑镂空剔花梅

牡丹、菊花、莲花等花卉纺鱼、鸭、龙、凤等。金元时期烧造的器皿胎釉粗厚，花纹图案较前简单。今陕西省铜川市黄堡镇附近（宋代属耀州）。

建窑　宋代名窑。所烧黑釉瓷器，以小碗最多，胎骨乌泥色，釉面多条状结晶，釉面多条状结晶纹，细如兔毛，称为“兔毫盏”。有的器底刻有“供御”“进琖”等字样。今福建省阳县池墩村。

德化窑　明代著名瓷窑，始于宋代。此窑以烧制白瓷而著称。宋元时期烧制青、白釉瓷。德化白瓷胎釉浑然一体，如同白玉一般。除乳白色以外，还有象牙黄和粉黄色的。更有贴花、印花和堆花。所制佛像最杰出。今福建省德化县。

石湾窑　明代著名瓷窑，清代以后继续烧制至今。釉有灰黑、青绿、淡黄、灰蓝等色，常带有蓝、红等色的斑纹。此窑仿制的钧窑瓷器另有创造。今广东省佛山市石湾。

吉州窑（又称永和窑）　宋代著名南方民窑。起于五代，盛于宋，衰于元。有青釉、绿釉、白釉、黑釉、彩绘瓷等。黑釉花样较多，有像滴珠、鹧鸪斑、玳瑁斑的，也有绘双凤、龙凤、木叶纹的。纹饰运用洒釉、剔花、印花、贴花等手法，而剪纸贴印手法更是吉州窑的独特创造。今江西省吉安市永和镇（隋至宋吉安称吉州）。

景德镇窑　著名制瓷窑场。始于南朝陈时，经唐、宋、元、明、清至今。唐代已烧造白瓷，宋代景德年间烧造官窑器，底书“景德年制”四字，从此有景德镇之名。以产影青瓷器著称。元代青花、釉里红等已烧制成功。到明代，景德镇开始成为我国瓷业中心，一道釉和釉绘等取得了很高的成就，更有五彩、斗彩等彩绘瓷器的创造。到清代彩釉更有改进和创新，能烧制粉彩、珐琅彩等。其中康熙、雍正、乾隆年间烧造成的最精美，并各有其特色。今江西景德镇市。

崔公窑 明代景德镇著名瓷窑之一。因为明隆庆、万历年间崔国懋在此烧制而得名 崔国懋在此窑烧制的仿宣德、成化年间的瓷器，颇为精美。今江西省景德镇市。

周窑 明代景德镇著名瓷窑之一。因明隆庆、万历年间苏州人周丹泉（名时臣，字时）主要烧制仿古瓷器而得名，所仿定窑很逼真，又能制陶印、文具、连环等。今江西省景德镇市。

壶公窑 明代景德镇著名瓷窑，因烧制人吴为自称壶隐道人而得名。善于仿造永乐、宣德、成化年间瓷器，都很逼真。今江西景德镇市。

臧窑 清代康熙中期景德镇烧制的官窑瓷器，因康熙二十年至二十七年臧应选驻厂督造而得名。器物款识多写刘伴阮(名源)监制。釉色以红为最著。今江西省景德镇市。

郎窑 清康熙四十四年至五十一年，江西巡抚郎廷极在景德镇督造的官窑瓷器。釉色以红宝石最为著名。今江西景德镇市。

年窑 清雍正年间景德镇烧造的官窑瓷器，由于年希尧掌管窑务而得名。釉色丰富多彩，其中以胭脂水釉器为最著名。器物胎骨极薄，里釉极白，放施胭脂釉，呈现粉红色。今江西省景德镇市。

清 年窑蟠螭笔洗

唐窑 清乾隆前期景德镇所烧造的官窑瓷器，因唐英掌管窑务而名，所造各色釉彩，仿造各种古瓷，以工细著称。今江西省景德镇市。

大同窑 在今山西大同，故名。始烧于金代，终于元代。清乾隆四十七年（1782）刊刻的《大同府志》中谓有“青瓷窑”，距城23里。据此在大同西郊瓦窑村发现一瓷窑遗址，证实即方志中的青瓷窑。遗址面积不大，以烧黑釉器物为主，兼有少量茶叶末釉；弦纹瓶及剔花罐具有代表性，剔花线条粗犷，划花线条纤细，有水波及鱼纹，黑釉乌黑光亮，茶叶末釉表面无光。

怀仁窑 在今山西怀仁，故名。明《大明一统志》有“锦屏山在怀仁县西南二十五里，山旧有瓷窑”的记载。发现遗址有小峪、张瓦沟、吴家窑三处，始烧于金代，历经元明两代。烧瓷以黑釉为主，弦纹瓶及罐等器物胎体厚重，装饰有粗线条划花及剔花两种，有雁北地区特色。

浑源窑 在今山西浑源，故名。明《大明一统志》记载浑源产瓷器。清乾隆《浑源州》又有“天赞初与王郁略地，燕赵破磁窑镇”语，知在五代后梁时浑源已有磁窑镇地名。经实地考察，浑源窑当建于唐代，烧白釉、黑褐釉、茶叶末釉等品种。金元时期窑厂扩大，品种增多，有黑釉剔花、白釉剔花与划花，有盘、碗、盆、罐、枕等器。黑釉剔花为雁北地区之最精者，牙白釉剔花在山西其他地区也属少见。

榆次窑 在今山西太原孟家井，孟家井明代属榆次县，故名。此窑产瓷，明初已有记载，孟家井柏灵庙明弘治三年(1490)重修碑记中说：“榆次县治之北六十里有乡曰孟家井，居民大率三百家，乃古昔陶器之所。”窑址遗存大量瓷片，以白釉印花碗最多，碗心一圈刮釉，具有典型金代作风。

平定窑 在今山西平定柏井村，故名。始烧于唐，历经五代到宋，以烧白瓷为主，还烧黑釉器物，有印花、剔花盘以及北方习见的五角、六角纹盘碗等器。窑址与河北临城邢窑、曲阳定窑相距较近，瓷器造型装饰与两窑有共同处。

交城窑 在今山西交城，故名。始烧于唐，以白釉产量最大，有盘、碗、壶等器物，还发现有黑釉斑点拍鼓残片较多。宋代有发展，仍以自瓷为主，也有当时北方各瓷窑所习见的动物小雕塑，还烧制白釉釉下储彩彩绘装饰，特征与介休窑大体相同，储彩有呈橘红色者，其他地区极少见，珍珠地划花装饰品种有枕、洗等器，但产量较少。

介休窑　在今山西介休洪山镇，故名。1959 年发现。始烧于宋，历经金元明清四代，在山西较少见。宋代以白釉为主，早期碗体厚重，与交城窑相似，有薄胎印花碗盏，胎白纹细，受定窑一定影响，碗盏里心都留有三个细小支烧痕，是其特征之一。白釉黑花品种也有发现，釉面光亮，与河南、河北同类装饰有别。金代烧黄褐釉印花器较多，器内多印花，尤以孩童荡船纹饰为多，富有介休窑特色。

霍县窑　在霍州境内（今山西霍县陈村），故名。为山西 20 世纪 70 年代后期新发现的古窑址之一。以烧白瓷为主，光素无纹者多，少量有印花装饰，胎洁白，用支钉垫烧，器内及器足都留有五个小支烧痕。明代曹昭《格古要论》中所提及的彭窑仿古定器折腰盘，霍县窑遗址里遗留甚多，证实明清两代文献中的彭窑就在霍县陈村。元代还烧白地黑花品种，遗址有高足杯标本，明清两代绘花卉者较多，有书写文字者。

长治窑　在今山西长治八义镇，故名。烧瓷品种有白釉、白釉红绿彩、白釉黑花及黑釉四种，以白釉红绿彩绘碗最富特色，碗心多画折枝花卉，有画鱼纹者，碗心及圈足都有五支烧痕，这种碗晋南地区金墓出土过。白釉有刻花及画黑花装饰，刻花纹饰较简练，黑花多绘于碗内，纹饰多为折枝花卉，也有鱼鸭等纹，但为数较少。

淄博官窑　在今山东淄博磁村，故名。20 世纪 70 年代后期发现，经过小规模试掘，初步判明始烧于唐而终于元代。该窑在唐代以烧黑瓷为主，宋代烧白瓷，有剔花、刻花装饰，金代出现蓖划、绞胎、白地黑花、白釉红绿彩等新装饰，碗心也多一圈刮釉，有北方地区瓷窑风格。

安阳窑　在今河南安阳北郊安阳桥附近，故名。经过小规模试掘，初步判明是隋代青瓷窑址。据此，可确定安阳地区部分隋墓出土青瓷是此窑所产。20 世纪 50 年代在善应、天僖二镇还发

北齐　安阳窑青瓷四系罐

现宋元时期窑址，前者专烧钧釉瓷器，后者烧白瓷；二镇距磁州窑较近，但未发现有磁州窑风格的瓷器。

鹤壁窑　在今河南鹤壁，故名。始烧于唐而终于元代。在唐代烧白、黄、黑釉器物，有花口钵、短流壶等。宋金时期的白地黑花、褐黄釉刻花折沿盆最富代表性，白地黑花彩色乌黑，褐黄釉刻花有莲花、鹅与兔吃草等纹，盆口径都在40厘米以上。白釉划花大碗与磁州窑风格相同，碗心也有5个长条状支烧痕。

巩县窑　在今河南巩县，故名。从已发现的窑址，可知始烧于隋代，烧青瓷；唐代有较大发展，以白瓷为主。李吉甫《元和郡县志》有“开元中河南贡白瓷”的记载，西安唐大明宫遗址出土有巩县窑白瓷，证实此窑贡白瓷。此外还烧三彩陶器，洛阳地区唐墓出土三彩陶器及雕塑不少是该窑所产。遗址出土素烧坯很多，可知三彩陶器是两次烧成。所制绞胎多模仿漆器纹理特征，黑釉、茶叶末釉也占一定比例，遗物有盘、碗、瓶、壶等。

密县窑　在今河南密县，故名。已发现西关及窑沟两处遗址，西关窑始烧于唐而终于宋，窑沟窑烧瓷则在宋金时期。西关烧白、黄、青、黑各色釉及珍珠地划花等品种，珍珠地划花装饰在密县窑中出现最早，宋代较流行，窑址出土的五代鹤鹑纹小枕，纹饰具有仿唐金银器錾花工艺特征。窑沟以白釉为主，白地画黑花标本的也遗留不少，瓶、壶等器物上多画简洁的花草纹，画圈纹的较别致，是此窑独特之作。

登封窑　在今河南登封曲河，故名。始烧于晚唐，下限到元代。烧瓷品种较多，以白釉为主，有白釉绿彩、白釉刻花、白釉剔花、白釉珍珠地划花及白地画黑花等，还烧瓷塑玩具、黑釉及三彩陶器。珍珠地划花品种，受密县窑影响，产量在同类瓷器中居首位，遗物有瓶、枕、罐、洗、碗等，以瓶、枕较多，瓶高达40厘米左右。

宝丰窑　在今河南宝丰青龙寺，故名。烧瓷时期为宋金两代，品种有青瓷、黑瓷及三彩低温铅釉陶器，青瓷质量较临汝窑略胜，造型纹饰与耀州窑近似，印花装饰较多。黑瓷有凸线纹、麦粒纹装饰，后者在北方瓷窑中极少见。此外还烧三彩与绿釉、酱釉炉枕等器，枕面划花有花卉及钱纹等题材。

鲁山窑　在今河南鲁山段后，故名。创烧于唐代而终于元代。唐代南卓《羯鼓录》中有“不是青州石末，即是鲁山花瓷”语，经调查发现花瓷拍鼓瓷片标本，证实该书所述。宋金时窑厂扩大，烧瓷品种丰富，装饰方法也多种多样，如有白釉罐上以褐点组成的三角形，白釉瓶上以蓖划复线直线纹与曲线纹的相间排列，以及三彩莲瓣高足炉等，均有特色。

郏县窑　在今河南郏县，故名。在发现黄道、黑虎洞及石湾河三处遗址中，黄道及黑虎洞均有唐及元代标本，石湾河则属元代遗址。唐代遗物有黑釉斑点花瓷、黄釉及白釉绿彩品种。绿彩呈碧绿色，在河北、河南、山东、陕西四省九处瓷窑所烧同类品种中，色彩最美。元代遗物有磁州窑风格的白地黑花装饰及钧釉器物。

宜阳窑　在今河南宜阳三里庙，故名。明清两代方志都提到宜阳产瓷，其烧瓷上限，乾隆《宜阳县志》记有：“德应侯庙在县西二里，宋熙宁感德军守臣以水旱祷应状闻，治庙封侯爵享祀。崇宁末年复重修，今废无考，一在半壁山。”德应侯是北方瓷窑供奉的窑神，宋神宗熙宁（1068年~1077年）时宜阳建德应侯庙，则此窑烧瓷当在熙宁之前。以烧青瓷为主，也有少量白釉、黑釉、白釉黑花及三彩陶器。

新安窑　在今河南新安，故名。已发现遗址十余处，多数均烧钧釉器物，属钧窑系。烧瓷时间历经宋金元三代，所烧器皿有盘、碗、炉、瓶、罐等，以盘、碗占绝大多数。

内乡窑 在今河南内乡大窑店，故名。因宋属邓州，故旧称“邓窑”。始烧于唐而终于元，唐时烧黑釉及带斑点的花瓷，宋金时烧青瓷，过去曾将一种釉色青绿、器底呈紫褐色的，称为“邓窑”。印花盘碗较多，与宜阳、临汝窑近似。遗址有元代至大二年（1309年）普济宫碑一座，碑文有“孤村陶烟时起，前事宛然在目”语，可知元时仍烧瓷（邓窑即“内乡窑”）。

东窑 在汴京（今河南开封）附近。专烧砖瓦。《宋会要》窑务条文载：“京东西窑务掌陶工为砖瓦器给营缮之用，旧有东西二务景德四年废止，大中祥符二年复置东窑务。”明代曹昭《格古要论》有董窑条，谓其特征与官窑相似，而又不及，今亦少见。明清两代谈瓷笔记多引用之。但董窑实物未见传世，窑址亦无明确地址，或为东窑之误。

辽阳窑 在今辽宁辽阳东30公里江官屯，故名。烧瓷以白釉粗瓷为主，也有少量白地黑花、黑瓷及三彩陶器。白瓷及白地黑花胎体较粗，均挂化妆土。白瓷烧杯、碗、盘、瓶、罐等器，黑釉则烧大器；此外，还烧黑釉、白釉、小俑、狗、马、骆驼等小玩具。

花卉纹双耳交泰瓶

栒邑窑 在陕西栒邑，故名。地距黄堡镇耀州窑较近，烧瓷具耀州窑特征。遗址遗留有黄釉残片，碗里有刻花、印花纹饰，有花卉、海水、牛等题材；盘碗的里心多一圈刮釉，与耀州窑金代地层出土瓷器特征相同，应属金代产物。

华亭窑 在今甘肃华亭，故名。最早见于明李贤天顺本《大明一统志》，土产条记有黑瓷器出平凉、华亭二县，镇堡条也有安口镇出瓷器记载，可知明代前期华亭县安口镇产黑瓷。经调查在安口镇发现瓷窑遗址一处，遗留物为青黄釉盘碗标本，器里有印花、刻花装饰，器心多一圈无釉，乃适应迭烧需要而致。器物纹饰与烧制特征和陕西耀州窑相同，属金代，为耀州窑体系。

兰州窑 在今甘肃兰州，故名。最早见于《元一统志》，兰州土产条，简略提到产瓷器，有窑一所，距州45里。清康熙《兰州志》，山川条："煤炭山洞在州南40里，其洞数十，皆产煤，州民赖之。阿干峪在州南40里，其土宜陶，经火不裂，故多窑冶，水岔在州东南60里，亦有窑冶。"经调查阿干峪，发现元代黑瓷窑址一处，以黑釉碗为主，《兰州志》所记初步得到证实。

宜兴窑 在今江苏宜兴鼎蜀镇，故名。烧瓷历史悠久，早在汉晋时期已烧青瓷。涧众村发现有唐代青瓷窑址。明代以紫砂器闻名于世，出现不少制壶名家，如供春、时大彬、李仲芳、陈仲美等，并仿烧宋代钧窑器物，因有"宜钧"之称。

鉴定瓷器常用术语

鉴定瓷器常用的术语，本为历代行家口语，沿袭至今。它主要用以指明器物的完整和伤损程度及变异情况，根据特定条件和不同部位所出现的各种现象而定名。现将其作为一般性常识，摘录如下：

失亮 器物釉面，因长期使用，经久磨损失去光泽。

口毛 在器物口沿位置，有爆釉现象。

口有崩 在口沿位置，因磕碰等原因形成小缺口。

口磕 器物口际胎釉，由于撞击而出现大小不等的缺磕伤痕。

磨口 瓷器口部经碰撞而损伤，影响观赏价值，用砂轮等切割工具将受损的口部修磨平整。

冲口 器件因碰撞在口边出现的裂纹，这种细小的裂纹长短不一，也有外冲里不冲的现象，有的甚至不易看出。

截口 器件的口部或颈部因碰撞而损坏，而器身完好无损，为保持一定的观赏价值，将损坏的器口或者颈部截去，修磨平整。

崩口 器件因为碰撞而造成口边崩缺。

毛口 器件口边有细微的损伤，釉断续剥落，手摸有毛糙棱刺感。

葵口 器口的一种。因口沿呈秋葵花形而得名。碗、盘、碟之类器物均有此口。口沿有呈五瓣花形的，也有成六瓣花形的。宋代极为流行，明、清景德镇窑的制品十分精美。

洗口瓶 指瓶口似洗口而得名。宋代南北瓷窑多有烧造。器型大体有：洗口、直颈、垂圆腹、圈足；洗口、直颈、折肩、桶式腹、浅圈足；洗口、长颈、扁圆腹、圈足三种。

截口 器口和颈部已损坏，而器身完好无损为其美观，将其损伤部分截去，修磨平整。

重皮 口部因受重伤出现断面隐患，但外观尚完整；胎釉已分裂却还没剥离，往往一触即脱落。

毛边 口面的覆釉因伤全部脱落。

釉泡 釉面在烧制时出现的气泡。

斑点 釉面出现多种矿物或其他化学物质的斑点。

粘沙 釉面上有遗落的窑灰，或器底因垫烧黏结有沙粒（一般多见于器足）。

磕缺 器物因碰撞而造成的损缺。

窑点 瓷器坯体在烧制过程中与其他坯体粘连在一起，出窑后在器件上留下的黏结痕迹。

窑裂 由于窑内的火力不均匀，胎体受热不均而出现的裂纹。

棕眼 器件烧制过程中，釉面中气泡受热涨破，而形成的无釉小孔状凹陷。

阴裂 指有釉盖没的坯体裂纹。

釉裂 指釉面开裂而坯体未裂。

窑裂（窑缝） 陶瓷器于出窑前胎体和釉面同时开裂。

冷璺 本不应出现片纹的器物，但在釉面上出现了一两条纹路，胎体已透或未透。

开片（纹片） 瓷器釉层中出现的裂纹。本是瓷器烧成过程中由于胎、釉膨胀系数不同产生的缺陷，但宋代后开始有意识地在瓷器上用开片作为装饰。

片法纹 釉面上有长短不一，大小不等，相互相交错的细裂纹片。

划伤 釉面或彩绘的表面，被硬物划破后留下的伤痕。

磨釉、伤釉 由于釉与其他物体摩擦，致使釉面局部损伤。

缩釉 由于胎体不洁（如有污垢等），所施釉在烧制过程中不能全部覆盖在其表面而缩向他处，露出胎体。

漏釉 器物施釉时，局部有透漏而露胎无釉。

磕釉 陶瓷器局部被轻微磕碰，釉面伤缺而未伤及胎体。

脱釉 釉面受盐，碱，酸的腐蚀，或入土受浸而剥落。

剥釉 瓷器出窑时，表面局部出现脱釉和滚釉的现象，一般统称为剥釉。

爆釉 瓷器釉有破损。

炸釉 成品的釉面有裂纹或龟裂称风惊、釉惊；坯釉同时开裂称惊裂。

崩釉 陶瓷制品表面釉层自然的成块或成片脱落的现象，称为崩釉或剥釉。

补釉 在器口磕缺部分或磨口处，敷以釉汁，入火烧之。

伤彩 色彩的表面，局部或全部，被磨划致伤。

水碱 素釉器物长期埋入湿土内浸渍，使釉色起了变化，多呈白灰色的片状。

水锈 器物长期受土埋水浸，有灰黄，铁红或铜绿色等化学物质黏附于器表。

土蚀 釉面，彩绘或胎体被土壤所腐蚀，使器物表面局部失亮。

缺碴 器物损坏后缺失碎片。

炸肚 器件的腹部因为烧制时受热不均，或烧成后被撞击而形成一到数条裂纹，胎体可透也可以不透。

炸底　器物底部偶因投放物件相击致伤而形成的裂纹。

刮底　一种不施釉的毛底，系制坯时用竹片等工具刮削而成。

磨底　器件足底内原来有釉，出于某种目的，如有意冒充其他年代，而把釉磨去。

磨款　故意磨去青花、红彩等款，冒充其他年代。明、清官窑或新器都有作伪。

花押款　在器物底部的图形标识，始于明中晚期。

刻瓷　在瓷面上錾刻出装饰花纹，有的再在纹痕内填以墨或颜色而成。

火石红　胎体含有矿物质，在不施釉的部受火后自然泛出。现今景德镇复制的元、明青花瓷器，以新砂垫烧，或是入窑前新瓷胎的砂底受了潮，也会出现火石现象。

补缺　器物破碎后缺少的部分，用石膏、铜、铝、铁、木、金漆、水泥乃至油漆和沥青补上。

配盖　用朝代不同器物的盖相配。

残耳　器件原饰耳部分或全部受伤。

镶嘴流　壶流已消失，用其他壶嘴镶补。

配腿　香炉、马、兽等的腿或足已残伤不全，而进行补配。

漆彩画　器物破碎或有窑裂，炸纹，以彩漆绘纹饰将纹路遮盖。

金属镶边　瓷器口边有所缺陷（如口磕、毛边等），用金色材料（金、银、铜、锡等）包镶遮盖。

新胎后挂　新胎剥去釉面后，作加彩釉地五彩的装饰。

复烧　二次入窑烧。

假出土　仿古各类器物，有意长期埋入地下，以期整新如旧；低温铅釉和无彩、粉彩、三彩等器，尤其易于氧化或腐蚀。有的还涂以红、黄土疤，但一触即掉。

茶水煮　仿古作旧，常以土茶水煮，使器面上有红褐的茶锈痕。

烟熏　用香烟熏作旧，嗅之有味。

团花 凡成圆形的图案称为“团花”。多见团龙、团鹤、团凤、团螭、团花蝶、团寿等。有青花、釉里红、五彩、粉彩、斗彩等品种。明代成化、清代康熙、雍正、乾隆瓷器上团花十分流行。

宝相花 状如蔷薇，形大色丽，花瓣为二或三重，瓣端作三至五份裂开。流行于唐代彩色釉陶器及明、清瓷器上。

铁锈花 指宋、元是北方磁窑生产的，在黑釉质上用赭红色绘画的瓷器。称“黑釉铁锈花”。

铁锈斑 清代雍正、乾隆时期景德镇生产的一种结晶釉。如《陶雅》所载：紫黑色釉，满现星点，灿烂发亮，其光如铁，为铁锈花。其中的釉料配方主要是含铁和锰。

旋纹 以旋转方式刮制器底、器足而形成的同心圆纹。

惊纹 因胎体较薄，偶受轻微碰触而产生的极细的裂纹。

冰裂纹 纹片的一种，因釉面似冰开裂而得名，其特点是无论角度大小攲斜，均为直线。

博古纹 博古纹样常包括一些古董、花瓶、文房四宝以及天文仪器之类的器物。博古纹在明末清初应用较多。

鸡爪纹 指瓷器局部受到点状冲击而形成的辐射状裂纹，裂纹不过胎，多呈黄色，形如鸡爪。

炸纹 器物的颈、肩或腹部受撞击后，出现放射性裂纹（俗称“鸡爪纹”）。

炸地 底部有放射性裂纹，且从胎里（外）向外（里）裂通。

金丝铁线 纹片的一种，传世哥窑瓷器的特殊纹饰，因开片有大小之分，大开片呈深灰色似铁，小开片呈酱褐色，似金丝线而得名。

足磕 器足部位在搁置时不当心或用力过度，触地发生撞击致伤。

支钉 瓷器烧制过程中的一种器具，用坯泥或其他耐高温材料制造，用支钉瓷坯。常用的支钉有六支钉、七支钉等多种；有圆形、三角形等多种形状；支钉有粗有细。还有珠状的，称为托珠。

后配 器物的某些原配部件（如盖、耳、头、手、退、底座等）因种种原因缺失，为保持器件的完美而重新配置。材料可以是原料，也可以是红木等材料。

后挂彩 在以前的旧瓷器上加彩绘，在低温炉中再次烧制，形成彩瓷的效果。旧瓷器上多有当时的款识，由此加绘彩后可以抬高瓷器身价。用眼看是不太容易，可是敲敲它，放在耳边听听声，因为是重烧过，声音发闷。

后刻阴款 在器物上用钻石工具刻款，不施釉；或刻后施釉入窑烘烧。后刻的字口，釉的切面有些不齐。原刻的字口，釉边有坡度并且光滑。

后作阳文款 在器物底部，后刻阳文款字而填以釉，或用釉堆写款识，多不够清晰。

八吉祥 瓷器纹样之一。由轮、螺、幢、伞盖、花、瓶、鱼、结（也有的说：轮、螺、伞、盖、花、罐、鱼、肠）八种吉祥物组成。偶有用火珠状吉祥物代替其中之一。

灯笼尊 清乾隆时流行，敞口、短颈，自肩至足直下，形似灯笼而名。以青花、釉里红、粉彩、炉钧等品种为常见。

法华（法花） 陶瓷釉色名。是在琉璃釉制作的基础上发展的新品种，琉璃釉用铅作熔剂，法花釉用牙硝作熔剂。创于元代，明中期以后在山西晋南一带盛行，具有特殊装饰效果。制作方法采用彩画中的立粉技术，在陶胎表面，用特制带管的泥浆袋，勾勒成凹线的纹饰轮廓，然后分别以黄、绿、紫釉料，填出第子和花纹色彩，入窑烧成。

梵文 印度古代书面语文字。以梵文书于瓷器作为装饰题材，盛行明代庙宇供器上，内容为佛教经文咒语之类。主要是青花品种。

过枝（过墙） 自器物内（外）墙至外（内）壁，或器身至器盖，枝干相连，花叶相属，浑然一体者称为“过枝（过墙）”。纹饰常见为：花枝、翠竹、瓜果、桃实等，绘于盘、碟、碗、盏等敞口圆器内外，或盖碗的上下。过枝花纹于明成化年间开始多见，盛行于清雍正、乾隆、道光。有青花、五彩、粉彩等品种。

海八怪（海兽鱼涛） 以汹涌波涛作地，绘海马、狮、象、翼龙和鱼等各色海兽鱼类奔逐其间。此纹饰始于明宣德年间，以青花与红彩互为衬托，明代后期采用青花一色绘画，清代有仿品。

交泰瓶 清代乾隆朝的特殊制品。传世品有粉青釉凸花胆式瓶，腹部中间镂雕成如意头形，上下两部胎体互相勾套，可以活动，但有子母扣连接，不能分开，胎际皆涂金。另有黄釉青花器，撇口收颈，扁腹胎体上下两部镂以T形隔离套，制作巧妙，又称“天地交泰瓶”。

军持 亦称“君持”“捃稚迦”。梵语“Knudika”的音译，为佛教僧侣饮水、洗手等的器物，亦为伊斯兰教徒所用。有铜、铁、瓷等质地。唐代有白釉、青釉制品。宋代亦作插花之用。元、明、清时期极为流行。以江西景德镇窑和福建德化窑，晋江磁社窑等产量为大，产品主要销往南洋各国。元代以敞口、长颈、扁腹、细长管状流为常见；明、清演变为器深矮胖和乳头状流。品种有青花、釉里红、白釉、绿釉、黄釉等。

二、铜器的收藏

青铜器

商周　青铜器　动物盖罐

青铜器主要指先秦时期用铜锡合金制作的器物，简称“铜器”。包括有炊器、食器、酒器、水器、乐器、车马饰、铜镜、带钩、兵器、工具和度量衡器等。流行于新石器时代晚期至秦汉时代，以商周器物最为精美。最初出现的是小型工具或饰物。夏代始有青铜容器和兵器。商中期，青铜器品种已很丰富，并出现了铭文和精细的花纹。商晚期至西周早期，是青铜器发展的鼎盛时期，器型多种多样，浑厚凝重，铭文逐渐加长，花纹繁缛富丽。随后，青铜器胎体开始变薄，纹饰逐渐简化。春秋晚期至战国，由于铁器的推广使用，铜制工具越来越少。秦汉时期，随着瓷器和漆器进入日常生活，铜制容器品种减少，装饰简单，多为素面，胎体也更为轻薄。

中国古代铜器，是我们的祖先对人类物质文明的巨大贡献，虽然从目前的考古资料来看，我国铜器的出现，晚于世界上其他一些地方，但是就铜器的使用规模、铸造工艺、造型艺术及品种而言，世界上没有一个地方的铜器可以与中国古代铜器相比拟。这也是中国古代铜器在世界艺术史上占有独特地位并引起普遍重视的原因之一。

青铜器的颜色真正做出来的时候是很漂亮的，是黄金般的土黄色，因为埋在土里生锈才一点一点变成绿色的。由于青铜器完全是由手工制造所以没有任何两件是一模一样的，每一件都是独一无二、举世无双的。

青铜器种类简介

司母戊大方鼎

鼎 相当于现在的锅，煮或盛放鱼肉用。大多是圆腹、两耳、三足，也有四足的方鼎。

鬲（lì） 煮饭用，样子像鼎、三空足。

甗（yǎn） 相当于现在的蒸锅。全器分上、下两部分，上部为甑，置食物；下部为鬲，置水。甑与鬲之间有一铜片，叫做箅。上有通蒸气的十字孔或直线孔。

角 饮酒器。形似爵，前后都有尾，无两柱。有的有盖。自宋以来，定爵形器无流而具两翼若尾者为角。

斝（jiǎ） 温酒器。形状像爵，有三足，两柱，一鋬。

觚（gū） 饮酒器。长身、侈口、口和底均呈喇叭状。青铜器觚的形制为一具圈足的喇叭形容器，觚身下腹部常有一段凸起，于近圈足处用两段扉棱作为装饰。商早中期器形较矮，圈足有“十字孔”。商晚期至西周早期造型修长，外撇的口、足线条非常优美，纹饰繁复而华贵。

觯（zhì） 饮酒器。圆腹、圈足、形似小瓶，大多数有盖。

兕觥（sì gōng） 盛酒或饮酒器。椭圆形腹或方形腹，圈足或四足，有流和鋬，盖作成兽头或象头形。

战国　麒麟青铜牺尊

尊 盛酒器。形似觚，中部较粗，口径较小，也有方形的。尊为高体的大型或中型的容酒器。尊与彝一样，是祭祀的礼器之共名，是指一组祭器，而不是指某种礼器的专名。尊、彝各有其用，但又相互连称，既表示它们是礼器中特别重要的盛酒器，也代表一套相应的礼制。尊流行于商周，因其特殊地位，不仅汉代沿用，甚至到宋代徽宗年间仍制作有“宣和三年尊”。

卣（yǒu） 盛酒器（是盛酒器中的主要一种）。一般形状为椭圆口、深腹、圈足，有盖和提梁，腹或圆或椭或方，也有做圆筒形、鸱鸮形或虎食人形。

盉（hé） 盛酒器，或古人调和酒水的器具。一般是深圆口、有盖、前有流、后有鋬，下有三足或四足，盖与鋬之间有链相连接。

方彝 盛酒器。高方身，有盖，盖形似屋顶，且有钮。有的方彝上还带有觚棱。腹有曲的，有直的，有的在腹旁还有两耳。

勺 取酒器。一般做短圆筒形，旁有柄。

罍（lěi） 盛酒或盛水器。有方形和圆形两种形式。方形罍宽肩、两耳，有盖；圆形罍大腹、圈足、两耳。两种形状的罍一般在一侧的下部都有一个穿系用的鼻。

壶 盛酒或盛水器。壶有圆形、方形、扁形和瓠形等多种形状。

盘 盛水或承接水。多是圆形、浅腹，有圈足或三足，有的还有流。

匜 (yí)《左传》有“奉匜沃盥”，沃的意思是浇水，盥的意思是洗手洗脸，说明是古代盥洗时浇水的用具。形椭圆，三足或四足，前有流，后有鋬，有的带盖。

瓿 (bù) 盛酒器和盛水器，亦用于盛酱。流行于商代至战国。器型似尊，但较尊矮小。圆体，敛口，广肩，大腹，圈足，带盖，有带耳与不带耳两种，亦有方形瓿。器身常装饰饕餮、乳钉、云雷等纹饰，两耳多做成兽头状。

盂 盛水或盛饭的器皿。侈口、深腹、圈足，有附耳，很像有附耳的簋，但比簋大。

簋 (guǐ) 铜器铭文作“毁”，相当于现在的大碗，盛饭用。一般为圆腹、侈口、圈足、有二耳。

盨 (xū) 盛黍、稷、稻、粱用。椭圆形，敛口，二耳，圈

青铜编钟

足，有盖。

敦（duì） 盛黍、稷、稻、粱用。三短足、圆腹、二环耳、有盖。也有球形的敦。

豆 盛肉酱一类食物用的。上有盘，下有长握，有圈足，多有盖。

爵 饮酒器。相当于后世的酒杯。圆腹前有倾酒用的流，后有尾，旁有鋬（把手），口有两柱，下有三个尖高足。

商朝　目雷纹大钺

编铙 商朝时军队盛行乐器。呈圆片形，形制与钹基本相同。

编钟 打击乐器（宫廷雅乐）。面较大而薄，多为弧形，根部凹进，边部稍作翘起。

钺 本是王者贵族用于劈砍的兵器，也是象征权力的刑器和礼器。形状像板斧而较大。

青铜器辨伪

青铜器的伪造早在宋代以前就存在，但伪器的大量出现始于宋代，由于公私收藏之风的兴盛，使得青铜器买卖成为古董商人逐利的手段，伪造之器应运而生。如今一些不法商人为了牟利，更是伪造各朝各代的青铜器。以下介绍的是四种伪造青铜器的类型以及它们的造伪手法与辨别要点。

真器改造 即将真器加工、改造为不合定规的奇特形制。

手法一，将真器主体添加部件。

手法二，将分属几件真器的残件拼凑成一件，多数不遵器制，或在部分真器残件上任意新铸接上不符合器制的部件。

全器伪作 全器伪作大约有两种方式：

1. **不以真器为模本，而是自行设计形制、纹饰** 在设计时可能参考《考古图》《博古图》等书所著录的图像及铭文，这些书摹绘本多已失真，再加上作伪者又常对器形与纹饰做局部改造，铭文亦多加以杜撰，于是使此种伪器常出现形制、纹饰不合规范，形制与纹饰不吻合及铭文字体、文句不合古法的漏洞。

2. **以真器为模，用翻砂的方法或失蜡法（贴蜡法）铸成** 以此种方式所做伪器，由于形制合于规范，且往往又在其上造假锈，故较难识破，尤其是作伪高手制品，几乎能乱真。但研究者们经数年探讨已积累了一定的辨伪经验，主要是从青铜器铸作技术角度进行辨伪，其要点可以概括为：①新铸伪器一般比等大的原器沉重。②用失蜡法（贴蜡法）所铸伪器表面无突起的范线。③伪作器多无垫片。④古代以块范法铸造的青铜器，表面较严密、光洁，而用翻砂或失蜡法所制伪器表面有时会出现砂眼、缩孔等现象。⑤新铸伪品所做锈与真锈有区别。

真器作伪铭 凡属此种类型者多是在原来无铭的真器上伪制铭文，而且常选择大口器，如鼎、簋、盘之类，因为在这些器类上后制铭文较容易。陕西作伪者多在真器上刻铭，可能与该地多有素器出土有关。清咸丰以后，同治、光绪降至民国期间，山东济南、河北衡水与江苏苏州也皆有不少作伪铭好手。乾隆以后在无铭真器上制作的假铭又可细分为以下几种形式：

一是伪刻铭文虽有所本，但字体、内容与真器器形时代不相合，或铭文自名与器类不相合，出现明显的错误。

二是真器与伪铭时代大致相合，伪铭亦有所本，但字体较松散、呆板，没有真铭的神态。

三是在真器上加刻伪铭，并无所本。纯出于杜撰，字体往往拙劣，文词亦多不通。

真器后制伪纹饰 此种作伪类型包括在原本素面无纹的真器上作伪纹饰与在有简单纹饰的真器上增补伪纹饰两种情况。其中比较好辨识的是，作伪者对青铜器纹饰的时代特征缺乏深入了解，故而“张冠李戴”，如在东周时期青铜器上刻商代流行的纹饰。伪刻纹饰具有与上述伪刻铭文相同的一些难以避免的破绽，仔细观察是可与铸成的真纹饰相区别的。

青铜器铭文的鉴定

各时期青铜器铭文，字体有别，铸法不一，字数多寡也相差很大。

商代中、晚期，青铜器上的铭文很少，少则几个字，多则三四十字。内容多是族徽、人名或祖先名，如“妇好”“司母戊”等。这些铭文、字体以象形文字为主，铸铭。

西周早期　青铜器的铭文

西周时期青铜器上铭文增多，而且文字多为长篇。文字内容多为记事，这些文字内容也为断定器物年代提供了重要依据。到西周晚期时，中、长篇铭文已很常见。它们行款整齐，笔画一致。

到了春秋时期，青铜器铭文出现鸟书文字和嵌金铭文。战国时期还出现了刻凿铭文。这一时期的铭文已不像西周时期字数那样多。一般铭文简短，字体也更加修长秀丽，有时书有鸟篆。秦汉时期青铜器铭文中的文字已为篆书和隶书。除秦权、量中诏书铭文外，文字数量则更加简短。

商和西周时代的青铜器，绝大部分的铭文是用范铸的，但也有极个别是刻的，自春秋晚期起，青铜器上出现了整篇刻出的文字。原刻和后刻的铭文应该是能够分辨的。原刻是当时青铜器脱范后不久刻的，因为那时没有钢刀，刻铭文是用做玉器的小轮子琢磨出来的，字口比较光洁，只有琢磨痕，而不会有刀痕，但是也没有笔意。而后刻的铭文是用刀刻的，长的一笔竟要刻上三四刀，那就一定会留下刀刃的痕迹。

另外，青铜器经过若干年的埋藏，表面已经生成一层氧化层，原刻和范铸的铭文，字口里也应有同样的氧化层，在氧化层上刻字，字口上会出现爆裂的现象，有的在字口内还会露出青铜的本色。为了掩盖这一缺点，作伪者就要做假锈填进字口，假锈的颜色一般是用漆调成，颜色呈自然状态。但细看，质地与其锈有区别，若日子一久就易于发现。这一现象，细心者是容易分辨的。

鉴定青铜器铭文的真伪，除了知道它各种作伪的方法外，还要懂得各个时代铭文的风格，从而可以判断书法结体、语汇文法等是否符合。另外，还得掌握大量的标准字形，掌握得愈多，判断也就愈正确。

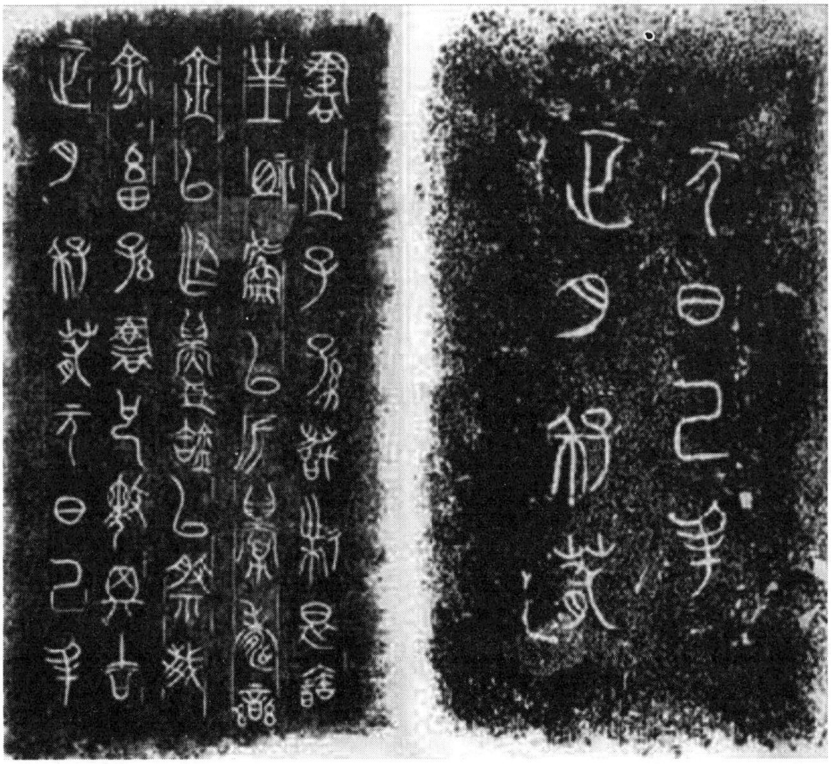

战国　青铜器上的铭文

青铜器纹饰的鉴定

青铜器纹饰　云雷纹

在不同历史时期，时代风尚不同，表现在器物的纹饰上也有很大的差别

商代早期青铜器多素面无纹。商代中期出现纹饰，但简单古朴，普遍存在的是一种带状纹饰以及单线条的饕餮纹和乳钉纹。商代晚期花纹趋于繁复，一般地纹为雷纹，主体花纹则以饕餮纹为主，同时还有夔纹、龙纹、蝉纹、鸟纹、蚕纹、龟纹、象纹、蛙纹等。以鸟兽形象铸造的器物也很盛行，如妇好墓中的鸮尊，湖南出土的虎食人形卣等。

西周早期和中期青铜器花纹继承了商代晚期风格，崇尚繁缛，流行饕餮纹、夔纹、鸟纹、蚕纹、乳钉纹。西周晚期时，最常见的纹饰已变为窃曲纹、重环纹、瓦纹、鸟纹和鳞纹了，纹饰这时也较前期显得简略朴素。

春秋战国时期，青铜器上繁缛的饕餮纹已经被动物纹、植物纹和几何纹所取代。最习见的是蟠螭纹、云雷纹、窃曲纹等，同时还出现了许多生活写实内容的纹饰，如采桑、狩猎、宴乐和水陆攻战等。春秋早期的水陆攻战纹壶即是这种图案的一个代表。

秦汉时期青铜器的纹饰更加简朴，许多器物已经是完全素面无纹了。汉代铜器上的鎏金、鎏银和镶嵌花饰技术相当发达，满城汉墓出土的错金博山炉就是一个突出的代表。同时汉代铜器还出现了漆绘和彩绘。汉以后，只有个别器物，如铜钟可依稀分辨出时代的不同风尚，纹饰仍有变化外，青铜器已逐渐被其他器物所取代。

青铜器锈色的辨别

年代久远的青铜器浑身布满锈色，然而锈有真有假，识别锈、研究锈的问题就变得极为重要了。因为锈色一般包裹在一件器物的外层，器物上的锈如果是真的，那么这件器物大多可判定为真品。青铜器物的真锈硬度大、类型多样、层次分明。

真锈，器物长年埋在地下，锈蚀很深，呈蓝绿色，有的有裂痕、裂口，里面也是锈迹斑斑。如果一件器物锈蚀严重的会出现大幅减重的现象。

硬绿锈有层次，每一层锈的颜色都不一样，外深内浅。可见结晶膜状闪光锈体，多数属于窖藏品或随葬品。

另外，锈的颜色，反映出铜质地的好坏。古人有“黄铜不鎏金，鎏金是青铜”的说法。有一种“水坑”，锈色斑斓，人们习惯称之为“七彩”，是难以仿造的锈色。“发坑”或“半发坑”的铜锈，似发酵、发泡状，有疏松、胀裂、鼓泡、纹起等状态。青铜还有“泛金”或“返金”现象，但只出现在刚刚铸造完成、尚未使用过就入土的器物上，这些几乎全部出土于商代安阳地层中，其他地区仅见个别。还有一类锈叫“水银古”，又称“黑漆古”，是战国至汉代的一种高技术的冶铸工艺，是价值很高的罕见品种，在唐代末期已经失传，到宋代几乎绝迹，可分表层、渗透层、坯体层，黑漆古又有红、绿、蓝、白、黄等颜色。

伪锈颜色不正，有的呈“粉绿状”，色较鲜艳。伪锈不牢固，涂颜色的锈，有毛刷痕迹及毛发遗留。化学催生的锈，似深坑绿锈，有气孔有气味。仿造的锈必有缺陷，容易识别。

青铜器仿古锈的做法及辨伪

为仿品上锈是现代青铜仿古工艺中非常关键的一道工序，锈蚀仿造的相似程度，直接决定仿造是否成功。所以仿造者就要用各种方法来仿古锈。将常见的做法归为以下几种：

①**种植锈**　将酸、碱、盐等各种化学药品掺和金属粉涂抹到仿品表面，然后再埋到土里来“种植”伪锈。

②**胶着锈**　用胶水、松香、白芨浆、清漆等胶状物调配各种矿石粉、颜料，涂抹到铜器上。或从别的古铜器上取下真锈拌入清漆或胶水中涂抹到仿古铜器上。

③**烧熔锈**　将调制好的矿物颜料在铜器表面烧熔，这些被熔化的颜料在降温后凝固在铜器的表面。

④**电镀锈**　用类似工业中金属表面电镀技术在铜器表面镀“水银皮”或“黑漆古”等皮壳。

⑤**涂埋法**　将动物尿液、粪便或农用化肥与泥土掺和，涂抹到仿品表面后埋到土里。

⑥**移植锈**　将古铜器上的古锈移植或镶嵌到仿品表面，再用上述的各种方法组合做锈。

尽管做假锈的方法五花八门，但不外乎分物理上锈、化学上锈两类方法。但这种年轻的新锈与古铜锈存在根本的区别，如果用显微镜或其他仪器来分析，区别会更明显。针对以上归纳的常见作伪方法，有以下一些实用招数可供参考。

①用针尖刺扎铜锈部位，古铜锈非常坚硬难以刺入，而那些用胶水制作的伪锈不但容易刺入，松开手后针会被伪锈含住掉不下来。对于古铜器上那些修补过的部位用这种方法鉴定也很有效。

②在鉴定铜器的锈蚀时，最好取一些试样下来，用高温热针烧灼，或将试样直接用火烧，古铜锈一般不易燃烧，锈结晶在高温下会发出炸裂的声音。用树脂或胶水制造的伪锈在高温下会熔化、燃烧，并且冒烟，能闻到各种胶水味儿或烧塑料味儿等刺鼻

的气味。放大镜观察，被热针烫过的部位，会发现那些胶状物被熔化后又凝固，根据热针的形状形成一个半圆槽。真正的古铜锈是天然生长的矿物结晶，在高温下它既不会熔化，也不易燃烧，更不会有酸味儿或其他异味儿。

③用小刀或其他工具将铜器表面的铜锈取一块，观察铜锈下面露出的皮壳，伪锈下面露出的直接是铜色。古铜锈下面一般是黑褐色或是银白色的氧化膜。

④用烟熏铜器表面或颜料染色，使其表面形成黑色或红色的氧化层，往往这种氧化层没有光泽。需要用棉布、毛毯或椴木木炭抛光，也有用抛光玉器的滚筒机械抛光。这类作伪的氧化层的突起部位光亮，凹陷的部位灰暗。用干燥的硬布等物品在铜锈表面快速摩擦，使其表面发热后，嗅其味道，有些伪锈会发出松香味儿、塑料味儿、油漆味儿或其他如 502 胶水等异味儿。

⑤用珠宝鉴定中的第三代查尔斯滤色镜来鉴定铜锈非常有效，所有的古铜锈在滤镜下都不会变色。用那些绿色、蓝色的化学颜料做的各种伪锈，在滤色镜下多数会变成红色。特别是用珐琅彩釉料在低温下烧成的假锈，这种伪锈既不怕火也不怕水，用热针、水都不管用。但因为珐琅釉料中的蓝色含钴，所以在第三代查尔斯滤色镜它的蓝色或绿色会变成红色。

⑥白矾与硼砂都是可溶性物质，如果铜锈是透明的结晶锈，可以取下一块放在热水里，如果遇到水后能溶化的，就有可能是这几种伪锈。有人也提倡用舌头尝试青铜器锈的味道，白矾的味道非常涩，其他结晶状的伪锈有时是苦的或咸的，而真正的古铜锈几乎没有味道。但需要注意的是有些伪锈有毒，最好不用这种尝味道的方法。将水喷洒到铜锈上，观察铜锈的亲水程度，古铜锈是亲水的，那些用油漆、胶水的亲水性则较差。

⑦用放大镜或显微镜观察铜锈的结晶形态及生长状态，可以发现新铜锈和老铜锈有很大差别。

凭气味辨别古代铜器

古铜器是出土的、还是出水的、或传世的，只要是真的或者几百年以上的，它就没有任何气味了。新出土古铜器会带有土的气味，时间久了土气也会消失。造假的人无论假造什么样的铜器、装饰什么颜色，只要用手或毛皮擦拭后，闻起来肯定有一种刺鼻的铜腥味。真铜器无论怎么抹擦，也不会有任何气味。这也是一种很有效的鉴别方法，是鉴别古铜器的人应该知道的方法。

不过有一点造假的人在铜料中掺进水银制作成假古铜器后，铜器味被水银味所掩盖，无论怎么抹擦，也不会产生铜腥气味。但从声音上可以辨出，古铜器声音微细而清脆，新铜器声音浊重而哄乱，新器旧器只要一敲就可分辨出来。这也是鉴别古铜器时必须知道的。

汉代熏炉的识别

汉代熏炉

汉代熏炉制作非常精美，有很高的收藏价值，所以在市场上也有不少赝品。但由于它的价位不像商州时期的青铜器那么高，因此赝品没有商州青铜器的赝品多，而且一般来说，熏炉的赝品制作也相对比较粗糙，往往容易从造型、锈色和上面的铭文等加以识别。

这件熏炉是汉代熏炉

中的一件精品，造型雄浑大气，工艺十分精湛，那么仿品的造型就显不出这种气势，很稚拙，而且制作工艺比较粗糙，特别是上面的光滑度、细部雕刻和各个部分的比例协调性都和真品有明显的差别。还有真品上面的锈色是嵌在器物里面的，是从里面泛出来的，而仿品生成的锈，比较肤浅，是搁在表面上的感觉。再一个就是真品上面的铭文已和器物融为一体，刻工非常精细，耐人寻味，而仿品上的铭文是后刻上的，字体非常拙劣，两相对照很容易看出。

宣德炉

凤眼耳大宣德炉

炉是古代焚香烧炭之器，有熏炉、香炉、手脚炉之分。古人崇尚焚香，香炉用途极多，主要功能有三点：一是用来薰衣；二是书房必备之器；三是用来供祀神佛。宣德炉是明代宣德年间所铸的铜香炉，属焚香供祀之类，是专为郊坛大庙铸造的放在祭祀案桌上的供炉，简称“宣炉”。

宣德年间是铜香炉制作的巅峰时期，宣德炉的色彩丰富，它以紫红色为基调，有褐、青、绿、红、蓝、黄、白、金等数十种颜色。炉的构造由炉耳、炉身、炉足三部分组成。炉耳有象耳、狮耳、环耳等，都成对置于炉身的两侧。有的炉不饰耳，炉身光素不作纹饰；有时还在炉身外部敲上些小块金箔。宣德炉炉壁厚重，拿在手上有一种沉甸甸的感觉；款识规范端庄，大多落于炉外底部。宣德炉选料考究，做工精美，款式古朴典雅，在当时就十分珍贵。

据记载，宣德炉仅在宣德三年铸造过一次，一共5000只，

以后就封炉不铸了。由于宣德铜炉名冠天下，所以后世多有仿制，但是无论怎么仿，它的颜色、铜质都与真正的宣德炉相差甚远。

宣德炉的特色

传世的宣德炉很少很少，且价格为天文数字，非常昂贵。因此，各朝历代都纷纷仿制，如今很多仿品充斥市场，无论到哪个旧货市场或古玩店，均可见到“大明宣德年製”款的宣德炉，然而如果想从这里找到真宣德炉简直是大海捞针。但也许会在某个古董摊上遇到真品，那么该如何断定它的真伪？这就需要掌握一些鉴定知识。其实古玩中最容易鉴别的就是宣德炉，因为真伪之间相差太悬殊了，通常认为不易鉴别的，是因为没有见过真的宣德炉，一旦见过真的宣德炉，真假优劣便会一目了然。宣德炉的特色主要有以下三点：

一是原料多，除铜之外，还有金、银等贵重材料加入，所以炉质特别细腻，呈暗紫色或黑褐色。

二是炼次繁，一般炉料要经四炼，而宣德炉要经十二炼，因此炉质会更加纯细，如婴儿肤。

三是闪金光，鎏金或嵌金宣德炉金光闪闪，给人一种不同凡器的感觉。

宣德炉真伪的鉴别

在宣德以后，历代有仿制宣德炉数量也很多，有的仿品铜质上和颜色上完全可以和真宣炉媲美，但大部分的仿品和真品相比是比较容易辨认的，特别是清晚期以后的仿品很粗糙。下面给大家介绍几个要点。

1. 看铜质　鉴别时，首先要知道真宣德炉选用的是一种风磨铜。反复提炼，同时铜中加入金、银等贵金属，这样，愈烧愈纯，金银等贵金属便浮于表面，轻轻擦拭，便泛出光泽，所以说铜质非常精细，而作假者不知其内加入金银等贵金属，不了解其比例，因此从铜质上能鉴别真伪，须看宣德炉底、足，露铜精者为真，粗劣者为假。

清代　铜冲天耳宣德炉

2. 看色泽　真炉色泽蕴藏于内，映出黯淡奇光，灿烂自然、柔和，而伪者照于外表，非自然生成。旧说有五色，分别为佛经纸、栗壳、茄皮、棠梨、褐色，其中以佛经纸色为第一。上海朵云轩1995年拍品中有一铜炉（高19.2厘米），其色泽就能达到佛经纸色。此外，一些使用了特种工艺制造的洒金、错金铜炉，其价值要比一般的铜炉高数倍。鎏金或散鎏金宣德炉真者，金水很厚，呈黄中闪白色；假者，金水薄，不均匀，显轻浮。

3. 看包浆　真品包浆温润，宝气内蕴，长时间不变。伪品包浆枯槁，有的像油漆，越放久越难看。

4. 看铸工　真品铸工质量平均，精品铸工相当精。伪品铸工不平均，有地方好有地方差，或者铸工粗糙。

5. 看造型、大小以及重量　真的宣德炉的每种炉样都有一定的尺寸大小。有一定的口径、腹径、底径，有一定的耳高、身高、足高。每种炉样都有精确的重量。宣德炉不管是圆形还是方形，也不管是陶耳，还是桥耳、半环耳，相同型者，轻浮者为假，浑厚古朴者为真。造型以古雅浑厚为上，有耳足的比无耳足的要好，铸工越精越好。以大小而言，径8~12厘米的炉最常见，属于小号；径15厘米左右的炉是中号，数量比小号少，但价值比小号高；径大于20厘米的炉是大号，工艺精者稀见，价值也很高。在同样尺寸的情况下，炉越重价值也越高。

6. 看款识　款铸得越精越奇就越能帮助断代，而铜炉的价值也越高。宣德炉在明、清以及民国均有铸造，但如何判定年代的

明　宣德年制鎏金阳刻款宣德炉

早晚呢？从整体造型上来说，明代铜炉的整体风格是雅致、浑厚。真宣德炉的款识有一、二、四、六字款，如“宣”“宣德”“宣德年製”或“大明宣德年製”楷书款，结构严谨，字体规整。而假宣德炉一般为“大明宣德年製”的六字款，随意书者为多，字体不规整。真品宣德炉的“德”字，“心”上均无一横。而制字皆为“製”字，有刻款有铸款。真的宣德炉刻款字字完整规矩，款地明润，排列紧凑，绝不粗糙松散。款之色如果和炉身不同色，那绝非真的宣德炉。

7. **看磨损**　真品有自然均匀的磨损，特别是在足底。伪品无磨损或人为打磨。

8. **看炉谱**　所有真的宣德炉器形在炉谱上都有相对应的名称。器形有乳足炉、鬲式炉、鼎彝炉、敦炉、床炉、钵炉等。如果炉谱上没有相对应的器形，那这件炉就不是真的宣德炉。

铜器外表特征的专业术语

长期以来，古铜器专家为了描述铜器出土的时间及其铜器的外表特征，形成了一些专业术语，也为古董行和古铜器收藏者广泛使用。值得指出的是，这些术语还是仿古铜器做旧的风格，也就是说，仿古铜器都是参照出土物的面貌特征做旧的。

生坑　指新出土的古铜器，或者是出土虽有几年，器物还保持着新出土时的状态，表面还没有被灰尘、油污等污染，并且也没有做过任何人工处理。

熟坑　指传世的或出土很久的古铜器，由于经常玩赏，铜器表面凸起的部位被手摩挲呈现出光亮熟的状态；还有一些是新出土的铜器有意上蜡擦光，充传世品，都称为熟坑。

水坑　指新出土的一种古铜器，由于埋藏环境较差（化学污染），器表腐蚀比较严重，不仅表面有积锈，而且锈下凹凸不平，有的还有膨裂。发酵膨裂严重的叫“发坑”或“脱胎”，轻者叫“半发坑”“半脱胎”。常见于湖南、湖北、安徽、江西等地区出土的青铜器。因为当地是含铁量较高的酸性红土壤，又多雨潮湿，对铜的锈蚀作用更为强烈。铜器的色泽却不相同，安徽出土的脱胎青铜器，有的呈灰绿色或灰色，湖北出土的脱胎青铜器，没有湖南的那样嫩绿色。当然，同一个地区出土的脱胎青铜器，色泽也不会绝对一致。

脏坑　指新出土的一种古铜器，表面附有杂质，是既不美观也不容易去除的恶锈。

黑漆古　古铜器埋藏很久，器表和底子受到土壤锈蚀的影响，表面和底子呈现黑漆色亮晶晶的，故名黑漆古，也是仿古铜器做旧的一种装饰风格。

绿漆古　因为古铜器埋藏很久，铜器的表面和底子受到土壤锈蚀的影响，呈现绿漆色，亮晶晶的，故名绿漆古，也是仿古铜器做旧的一种风格。

水银沁　因为古铜器埋藏很久，受到土壤修饰的影响，铜器的表面和底子呈现水银色，银白光亮，故名水银沁，也是仿古铜器做旧的一种装饰风格。

枣皮红　古铜器埋藏很久，器表和底子受到土壤锈蚀的影响，表面和底子呈现枣皮红。河南安阳一带出土的古铜器都带有枣皮红的特征。枣皮红也是仿古铜器做旧的一种装饰风格。

洗过澡　指有些传世的青铜器，表面被油污侵蚀过分严重。有一些老艺人便用醋酸等溶液清洗，经过清洗后的器物表面，光亮一色，比较好看。但失去了原有的自然锈蚀的风貌，行家将此类器物称为“洗过澡”。

野造 有的古铜器铸造工艺比较粗糙，花纹也不够精细，一般是出自手艺不高的民间工匠之手，古董行称这类作品为“野造”。

泛金 古铜器在锈蚀之后，或在收藏时被污染，器表面上泛出金黄色，仿佛是鎏上一层金，古董行称这种现象叫返铜或泛金。